El Acantilado, 405
ENCUENTROS CON LIBROS

STEFAN ZWEIG

ENCUENTROS CON LIBROS

EDICIÓN Y EPÍLOGO
DE KNUT BECK

TRADUCCIÓN DEL ALEMÁN
DE ROBERTO BRAVO DE LA VARGA

BARCELONA 2020   ACANTILADO

TÍTULO ORIGINAL *Begegnungen mit Büchern*

Publicado por
ACANTILADO
Quaderns Crema, S. A.

Muntaner, 462 - 08006 Barcelona
Tel. 934 144 906 - Fax. 934 636 956
correo@acantilado.es
www.acantilado.es

© 2013 by Atrium Press Ltd.
All rights controlled by Atrium Press London
Este libro ha sido negociado a través de
International Editors' Co. Agencia Literaria
© de la traducción, 2020 by Roberto Bravo de la Varga
© de esta edición, 2020 by Quaderns Crema, S. A.

Derechos exclusivos de edición en lengua castellana:
Quaderns Crema, S. A.

En la cubierta, *Don Quijote leyendo en un sillón* (1834),
de Adolf Schrödter

ISBN: 978-84-17346-65-2
DEPÓSITO LEGAL: B. 6113-2020

AIGUADEVIDRE *Gráfica*
QUADERNS CREMA *Composición*
ROMANYÀ-VALLS *Impresión y encuadernación*

PRIMERA EDICIÓN *abril de 2020*

CONTENIDO

EL LIBRO COMO
ACCESO AL MUNDO

El movimiento que apreciamos en la tierra se apoya esencialmente en dos invenciones del espíritu humano: el movimiento en el espacio se basa en la invención de la rueda, que gira vertiginosamente alrededor de su eje, y el movimiento intelectual guarda una relación directa con el descubrimiento de la escritura. En cierto momento, en algún lugar, un ser humano anónimo concibió la idea de doblar una madera dura, curvarla y convertirla en una rueda. Gracias a este pionero, la humanidad aprendió a superar la distancia que separa pueblos y países. De pronto era posible entrar en contacto con otras personas por medio de vehículos que permitían transportar mercancías, viajar para adquirir nuevos conocimientos y acabar con las restricciones impuestas por la naturaleza, que limitaba la obtención de frutos, de minerales, de piedras preciosas y de otros productos a zonas donde las condiciones climáticas eran propicias. Los países ya no vivían aislados, ahora establecían vínculos con el resto del mundo. Oriente y Occidente, Norte y Sur, Este y Oeste fueron aproximándose poco a poco, a medida que concebíamos nuevos medios de transporte. El desarrollo de la técnica ha dotado a la rueda de formas muy sofisticadas—la locomotora que arrastra los vagones de un tren, los automóviles que circulan a toda velocidad o los barcos y los aviones propulsados por el giro de sus hélices—con las que acortamos las distancias y vencemos la fuerza de la gravedad; del mismo modo, la escritura, que ha evolucionado desde los pliegos más sencillos, pasando por los rollos, hasta culminar en el libro, ha puesto fin al trágico confinamiento de las vivencias y de la experiencia en el alma individual: desde que existe el libro nadie está ya completamente solo, sin otra perspectiva que la que le ofrece su propio punto de vista, pues tiene al alcance de su mano el presente y el pasado, el pensar y el sentir de toda la humanidad. En nuestro mundo de hoy, cualquier movimiento intelectual viene respaldado por un libro; de hecho, esas convenciones que nos elevan por encima de lo material, a las que llamamos cultura, serían impensables sin su presencia. El poder del libro para expandir el alma, para construir el mundo y articular nuestra vida personal, nuestra intimidad, suele pasarnos desapercibido salvo en raras ocasiones, y cuando cobramos conciencia de su importancia, tampoco lo manifestamos. Hace mucho que el libro se ha convertido en algo natural, en un objeto cotidiano cuyas maravillosas cualidades no despiertan ni nuestro asombro ni nuestra gratitud. Del mismo modo que no somos conscientes del oxígeno que introducimos en nuestro organismo cada vez que respiramos ni de los misteriosos procesos químicos con los que nuestra sangre aprovecha este invisible alimento, tampoco advertimos la materia espiritual que absorben nuestros ojos y que nutre (o debilita) nuestro intelecto continuamente. Para nosotros, hijos y nietos de siglos de escritura, leer se ha convertido en otra función vital, una actividad automática, casi física, y el libro, que ponen en nuestras manos el primer día de escuela, se percibe como algo natural, algo que nos acompaña siempre, que forma parte de nuestro entorno, y por eso la mayoría de las veces lo abrimos con la misma indiferencia, con la misma desgana con la que cogemos nuestra chaqueta, nuestros guantes, un cigarrillo o cualquier otro objeto de consumo de los que se producen en serie para las masas. Cualquier artículo, por valioso que sea, se trata con desdén cuando puede conseguirse con facilidad, y sólo en los instantes más creativos de nuestra vida, cuando reflexionamos, cuando nos volcamos en la contemplación interior, conseguimos que lo que ha llegado a ser común y corriente vuelva a resultar asombroso. En esos raros momentos de reflexión lo miramos con respeto y somos conscientes de la magia que insufla a nuestra alma, de la fuerza que proyecta sobre nuestra vida, de la importancia que hoy, en el siglo XX, tiene el libro, hasta el punto de no poder imaginar nuestro mundo interior sin el milagro de su existencia.

Aunque estos instantes son tan escasos, precisamente por ello suelen permanecer en nuestro recuerdo durante mucho tiempo, a menudo durante años. Así, por ejemplo, sigo recordando con toda exactitud el lugar, el día y la hora en que surgió dentro de mí esa sutil intuición que me llevó a comprender que nuestro mundo interior se va tejiendo con ese otro mundo visible y, al mismo tiempo, invisible de los libros. No creo que sea una falta de modestia contar cómo se produjo en mí esta revelación espiritual, pues, aunque se trata de una experiencia personal, ese episodio memorable y revelador transciende con mucho al individuo en sí. En aquel entonces, debía de tener unos veintiséis años, ya había escrito algunos libros, por lo que conocía en cierta medida la misteriosa transformación que experimenta un sueño, una fantasía torpemente concebida, y las diversas fases por las que atraviesa hasta que, tras curiosas destilaciones y decantaciones, termina transformándose en ese objeto rectangular de papel y cartón al que llamamos libro, ese producto venal, al que le asignamos un precio y que colocamos como una mercancía más tras el cristal de un escaparate, como si no tuviera alma, cuando, en realidad, cada ejemplar, aunque se compre y se venda, es un ser animado, dotado de voluntad, que sale al encuentro del que lo hojea por curiosidad, del que lo termina leyendo y, sobre todo, del que no sólo lo lee, sino que también lo disfruta. Así pues, ya había experimentado en primera persona, al menos en parte, ese proceso inefable semejante a una transfusión con el que conseguimos que unas cuantas gotas de nuestro propio ser comiencen a circular por las venas de otra persona, un trasvase de destino a destino, de sentimiento a sentimiento, de espíritu a espíritu; sin embargo, la magia, la pasión y la trascendencia de la letra impresa, su verdadera esencia, no se me habían revelado de forma abierta, me había limitado a reflexionar vagamente sobre ello, pero no lo había pensado a fondo, no había sacado las debidas conclusiones. Eso fue lo que comprendí aquel día gracias a la anécdota que voy a referir.

Viajaba entonces en un barco, un buque italiano con el que estaba recorriendo el mar Mediterráneo, de Génova a Nápoles, de Nápoles a Túnez y de allí a Argel. La travesía iba a durar varios días y el barco estaba prácticamente vacío. Así las cosas, solía conversar a menudo con un joven italiano que formaba parte de la tripulación, un mozo que ni siquiera tenía el rango de camarero, pues se ocupaba de barrer los camarotes, de fregar la cubierta y de realizar otras tareas menores, que la gente, por regla general, no valora. Daba gusto ver trabajar a aquel muchacho, un chico espléndido, moreno, de ojos negros, con unos dientes deslumbrantes que brillaban cada vez que se reía. ¡Y cuánto le gustaba reírse! Me encantaba escuchar su italiano melodioso y grácil, una música que acompañaba siempre con vivos ademanes. Tenía un talento natural para captar los gestos de la gente e imitarlos, realizando formidables caricaturas: el capitán, balbuceando con su boca desdentada; el anciano caballero inglés que caminaba por cubierta tieso como un garrote, adelantando un poco el hombro izquierdo; el cocinero, digno y orgulloso, que después de la cena presumía delante de los pasajeros y tenía un ojo clínico para juzgar a las personas a las que había llenado la panza. Me divertía charlar con aquel chaval moreno, asilvestrado, con la frente resplandeciente y los brazos tatuados, que durante muchos años, según me contó, se había dedicado a cuidar ovejas en las islas Eolias, su hogar, una persona bondadosa y confiada como un cachorrillo. No tardó en darse cuenta de que yo le tenía cariño y de que no había nadie en todo el barco con el que me gustara hablar tanto como con él. Así que me contó un montón de detalles de su vida, con franqueza, con total desenvoltura, de modo que al cabo de un par de días nos tratábamos con la camaradería propia de dos amigos.

Entonces, de la noche a la mañana, un muro invisible se alzó entre él y yo. Habíamos recalado en Nápoles, el barco se había llenado de carbón, de pasajeros, de hortalizas y de correo, su dieta habitual en cada puerto, y luego se había hecho de nuevo a la mar. El elegante barrio de Posillipo había ido bajando la cabeza con humildad hasta perderse en el horizonte, entre las colinas, y las nubes que rodeaban la cima del Vesubio parecían las pálidas volutas del humo de un cigarrillo. Entonces se presentó de repente, con una sonrisa de oreja a oreja, se plantó delante de mí y me mostró orgulloso una carta arrugada que acababa de recibir, pidiéndome que la leyera.

Al principio me costó entender lo que quería de mí. Pensé que Giovanni había recibido una carta en un idioma que no entendía, francés o alemán, seguramente de una muchacha—era obvio que debía de tener mucho éxito entre las chicas—, y que había venido a buscarme para que se la tradujera. Pero no, la carta estaba escrita en italiano. ¿Qué quería entonces? ¿Que me la leyera? Nada de eso. Lo que quería es que se la leyera, tenía que saber qué decía aquella carta. Y, de pronto, comprendí lo que estaba pasando: aquel muchacho inteligente, de una belleza escultural, dotado de gracia y de auténtico talento para el trato humano, formaba parte de ese siete u ocho por ciento de italianos que, según las estadísticas, no saben leer: era analfabeto. Me puse a pensar y fue entonces cuando me di cuenta de que nunca había conocido a nadie como él, un ejemplar de una especie en vías de extinción en toda Europa. Hasta conocer a Giovanni no me había encontrado con ningún europeo que no supiera leer. Supongo que me quedé mirándole con asombro. Ya no le veía como a un amigo ni como a un camarada, sino como a una rareza. Luego, como es natural, le leí la carta. Se la había escrito una modistilla, no recuerdo si se llamaba Maria o Carolina. Contaba lo que las jóvenes cuentan a los jóvenes en todos los países y en todas las lenguas del mundo. Mientras se la leía, no apartó la mirada de mis labios ni un solo instante. Era obvio que se esforzaba por retener cada palabra. Arrugaba el entrecejo poniendo toda su atención en escuchar, su rostro se desencajaba tratando de recordar cada frase. Le leí la carta dos veces, lenta, claramente, para que pudiera conservarla en la memoria. Cada vez se le veía más contento: tenía los ojos radiantes y la boca florecía como una rosa roja al llegar el verano. Entonces apareció uno de los oficiales del barco, se acercó a la borda y Giovanni no tuvo más remedio que marcharse de allí.

Esto fue lo que pasó. Pero la auténtica vivencia, la que iba a transformarme por dentro, no había hecho más que empezar. Me tendí sobre una tumbona y dejé que mi vista se perdiera en la oscuridad de aquella apacible noche. No dejaba de darle vueltas a lo que acababa de ocurrir. Por primera vez me había encontrado cara a cara con un analfabeto, con uno europeo además, una persona que me había parecido inteligente y con la que había hablado como con un amigo. Esa idea me atormentaba. ¿Cómo se reflejaba el mundo en un cerebro como el suyo, que desconocía la escritura? Traté de imaginarme la situación. ¿Cómo sería el no saber leer? Por un momento me puse en el lugar de aquel muchacho. Coge un periódico y no lo entiende. Coge un libro, lo sostiene en sus manos, nota que es algo más ligero que la madera o que el hierro, tiene forma rectangular, toca sus cantos, sus esquinas, observa su color, pero nada de eso tiene que ver con su propósito, así que vuelve a dejarlo, porque no sabe qué hacer con él. Se detiene ante el escaparate de una librería y se queda mirando los hermosos ejemplares, amarillos, verdes, rojos, blancos, todos rectangulares, todos con estampaciones de oro sobre el lomo, pero es como si se encontrara ante un bodegón cuyos frutos no puede disfrutar, ante frascos de perfume bien cerrados cuyo aroma queda confinado dentro del cristal. La gente menciona a Goethe, a Dante, a Shelley, nombres sagrados que a él no le dicen nada, son sílabas muertas, voces vacías, carentes de sentido. El pobre ni siquiera se imagina el deslumbrante encanto que puede esconder cualquiera de las líneas de un libro, cuyo fulgor sólo se puede comparar con el resplandor de plata que refleja la luna cuando rompe un cúmulo de nubes mortecinas, no conoce la profunda conmoción que se experimenta al comprobar que el destino del protagonista de un relato ha pasado a formar parte de nuestra propia vida casi sin que nos demos cuenta. Como no conoce el libro, vive encerrado dentro de unos muros infranqueables, sordo a cualquier reclamo, como un troglodita. ¿Cómo se puede soportar una vida así, sabiendo que entre nosotros y el universo se abre una brecha insalvable, sin ahogarse, sin empobrecerse? ¿Cómo soporta uno que lo único que puede llegar a conocer sea lo que llega por casualidad a sus ojos, a sus oídos? ¿Cómo se puede respirar sin el aire universal que brota de los libros? Éstas eran las preguntas que yo me hacía. Puse todo mi empeño en imaginar la existencia de quien no sabe leer, de quien ha quedado excluido del mundo intelectual, me esforcé por reconstruir artificialmente su forma de vida igual que un erudito trata de reconstruir la forma de vida de un braquicéfalo o de un hombre de la Edad de Piedra a partir de los restos de un yacimiento lacustre. Pero no conseguí meterme en la cabeza de un hombre, de un europeo, que jamás ha leído un libro. Creo que es una empresa condenada al fracaso, tanto como lograr que un sordo se haga una idea de lo maravillosa que es la música por mucho que le hablemos de ella.

Como estaba visto que no podría meterme en la piel de un analfabeto, traté de imaginar mi propia vida sin libros. Probé a sacar de mi círculo vital, aunque sólo fuera por un momento, todo lo que he recibido de la tradición escrita, de los libros. Pero tampoco fue posible, porque lo que percibía como mi yo se disolvió sin remedio en cuanto tomé mis conocimientos, mis experiencias, mis sentimientos, y traté de restarles la dimensión universal que les han aportado los libros que he leído y la formación que he recibido, y que constituye mi identidad. Cualquier objeto, cualquier elemento que me parase a considerar estaba unido a recuerdos y a experiencias que tenían que ver de una forma u otra con los libros, cualquier palabra despertaba innumerables asociaciones que me remitían a algo que había leído o aprendido. Por ejemplo, el hecho de estar viajando a Argel y a Túnez hacía que, casi sin querer, surgieran en mi interior cientos de asociaciones que fulguraban como relámpagos. La palabra *Argel* me hacía pensar en Cartago; en el culto a Baal; en *Salambó*; en los textos de Tito Livio, cuando Escipión y Aníbal, romanos y cartagineses, se enfrentan en Zama; en el drama de Grillparzer protagonizado por ambos; en los cuadros de Delacroix, llenos de matices, y en los paisajes de Flaubert; en Cervantes, que resultó herido en el asalto a la ciudad ordenado por Carlos V,* y en mil detalles más que cobraban vida como por arte de magia al pensar o al pronunciar las palabras *Argel* y *Túnez*, que relacionaba con la Edad Media, con dos mil años de luchas y con innumerables sugerencias que acudían en tromba a mi memoria, todo lo que había leído y aprendido desde la infancia enriquecía estas voces transportándome como en un sueño. Comprendí que el don de pensar con amplitud de miras y de establecer vínculos entre unas realidades y otras nos permite contemplar el mundo desde múltiples perspectivas y formarnos una imagen soberbia de la realidad, la única correcta, una gracia que sólo se le concede a quien va más allá de su propia experiencia, asumiendo como propio lo que se ha recogido en los libros de distintos países, autores y épocas, y me quedé conmocionado al considerar lo limitado que debe de parecerle el mundo a quien vive de espaldas a los libros. Por otra parte, el hecho de que estuviera planteándome estas cuestiones, la profunda compasión que sentía por el pobre Giovanni, a quien le faltaba el instrumento básico para disfrutar de este mundo sublime, de este insólito don que nos permite emocionarnos con un destino ajeno, ¿no era una consecuencia más de mi ocupación literaria? Pues, cuando leemos, ¿no vivimos la vida

---

* En realidad, Cervantes cayó herido en la batalla del golfo de Lepanto, que tuvo lugar durante el reinado de Felipe II. Seguramente éste sea el error histórico más evidente para el lector español, aunque no es el único en estos textos, muchas veces redactados en lugares donde al autor no le quedaba más remedio que recurrir a su memoria en vez de a las fuentes. (*Las notas indicadas con asterisco son del traductor*).

de otras personas, no miramos con sus ojos, no pensamos con su cerebro? Animado por esta idea fui repasando agradecido los innumerables momentos de felicidad que me habían procurado los libros; los ejemplos iban sucediéndose unos a otros, como las estrellas que tachonan el firmamento, infinidad de detalles que han ido ampliando los límites de mi existencia, que me han sacado de la estrechez de la ignorancia, que me han servido para construir una escala de valores, que me proporcionaron, desde que era un niño, toda clase de experiencias, poderosos alicientes para un hombrecito pequeño e inmaduro. En ese momento entendí por qué mi alma de niño adquiría esa formidable tensión cuando leía a Plutarco, las aventuras del guardiamarina Easy o los cuentos de James Fenimore Cooper, pues un mundo indómito y apasionado irrumpía en mi cuarto, derrumbaba las paredes de aquella casa burguesa para llevarme consigo: por primera vez, gracias a aquellos libros, pude entrever la amplitud, la inmensidad de nuestro mundo y el gozo de perderme en él. Gran parte de nuestro empuje, ese deseo de ir más allá de nosotros mismos, esa bendita sed, que es lo mejor de nuestra persona, se la debemos a la sal de los libros, que nos animan a vivir la vida sin saciarnos nunca de ella. Me acordé de las importantes decisiones que había tomado después de leer un libro; de los encuentros con autores, fallecidos hace mucho tiempo, que habían significado para mí mucho más que los que había mantenido con algunos amigos o con algunas mujeres; de las noches de amor con libros, horas dichosas, en vela, ebrio de placer. Cuanto más lo pensaba más claro veía que nuestro mundo espiritual está formado por millones de mónadas, de impresiones particulares, y que sólo una pequeña parte de ellas procede de lo que hemos visto o de lo que hemos experimentado, mientras que la mayoría, un complejo con infinidad de conexiones, se la debemos a los libros, a lo que hemos leído, a lo que hemos recibido por tradición, a lo que hemos ido aprendiendo.

Fue fantástico reflexionar sobre todo esto. Momentos gozosos hacía tiempo olvidados, que había vivido gracias a los libros, venían de nuevo a mi cabeza, enlazándose unos con otros, y como me había sucedido al contemplar el aterciopelado cielo de la noche, cuando intentaba contar las estrellas y siempre aparecían otras nuevas que me habían pasado desapercibidas y me hacían perder la cuenta, comprendí que también nuestra esfera interior, ese otro cielo estrellado, está iluminado de un extremo a otro por innumerables puntos de luz, llamas que alumbran un segundo universo espiritual, que gira alrededor de nosotros con una misteriosa música. Jamás había estado tan cerca de los libros como en esos momentos, aunque no tuviera ninguno entre las manos, porque todo mi pensamiento se concentraba en ellos y mi alma se abría a su secreto. Aquel pobre analfabeto, aquel eunuco del espíritu, que tenía tanto talento como cualquiera de nosotros, pero que, por culpa de este defecto, no conseguía penetrar en el mundo superior para amarlo y fecundarlo, me hizo descubrir la magia del libro, que transforma nuestra realidad cotidiana.

Quien percibe el inmenso valor de lo escrito, de lo impreso, de lo heredado, ya sea a través de un libro, ya sea a través de la tradición, sonríe compasivo ante la pobreza de ánimo que manifiestan hoy tantas y tantas personas, algunas de ellas ciertamente inteligentes. El tiempo del libro ha acabado, ésta es la época de la técnica, arguyen; el gramófono, el cinematógrafo, la radio son más prácticos y más eficaces a la hora de transmitir la palabra y el pensamiento, y de hecho comienzan a arrinconar al libro, por lo que su misión histórica y cultural no tardará en formar parte del pasado.

¡Qué estrechez de miras, qué cerrazón mental! ¿Alguien puede pensar seriamente que algún día la técnica conseguirá crear un prodigio que aventaje al libro, con miles de años de historia, o simplemente que lo iguale? Los químicos no han descubierto ningún explosivo tan potente, tan formidable, no han fabricado ninguna chapa de acero, ningún cemento tan duro ni tan resistente como un puñado de hojas impresas y encuadernadas. La luz de una lámpara eléctrica no puede compararse con la que irradia un pequeño volumen de unas pocas páginas, no existe ninguna fuente de energía que pueda compararse con la potencia con que la palabra impresa alimenta el alma. Intemporal, indestructible, inalterable, la quintaesencia de la fuerza en un formato reducido y versátil, el libro no tiene nada que temer por parte de la técnica, pues es él quien garantiza su pervivencia y su desarrollo. En cualquier ámbito, no sólo en nuestra propia vida, el libro es el alfa y la omega del conocimiento, la base de la ciencia. A medida que crece nuestra intimidad con los libros, vamos profundizando también en los distintos aspectos de la vida, que se multiplican fabulosamente, pues ya no los vemos sólo con nuestros propios ojos, sino con una mirada en la que confluyen multitud de almas, una mirada amorosa que nos ayuda a penetrar en el mundo con una agudeza soberbia.

EL GOETHE APROPIADO

Son muchos los que se preguntan qué edición de Goethe es la más conveniente, por cuál deberían decantarse. Durante mucho tiempo, prácticamente medio siglo, las ediciones más codiciadas eran las que ofrecían una selección de las obras literarias del autor, pues la generación de nuestros padres valoraba a Goethe por su faceta de artista y consideraba que sus estudios sobre ciencias naturales, filosofía y geología eran un capricho, la extravagancia de un hombre que se había ido haciendo mayor y acusaba el paso de los años. No ha sido hasta esta última década cuando los alemanes han vuelto a contemplar a Goethe como un todo en el que vida, obra y actividad intelectual son inseparables. Las magníficas biografías de Bielschowsky, Gundolf, Chamberlain y Emil Ludwig nos han permitido entender su figura como un fenómeno único, como un cosmos, como una unidad orgánica, donde las ocupaciones personales y la producción literaria obedecen a un mismo impulso y están estrechamente relacionadas. Este cambio de perspectiva nos permite hacernos una idea de la envergadura intelectual de Goethe y explica que en los últimos años los lectores se inclinen por ediciones de las obras completas que integran los aspectos más diversos de esta figura singular.

Ahora bien, ¿qué edición sería la más adecuada? ¿Cuál transmite una imagen más completa y más fiel del verdadero Goethe? ¿Cuál es la más pura, la más perfecta y la más universal? La edición de referencia, por supuesto, sigue siendo la *Sophienausgabe*, publicada bajo los auspicios de la Gran Duquesa de Weimar, a quien debe su nombre, pues no sólo recoge todos los textos del autor en sus diferentes versiones junto con las cartas y documentos que redactó, sino que dispone de un aparato crítico en el que se consigna cuidadosamente, palabra por palabra, cualquier variante, cualquier divergencia entre el manuscrito y la versión que salió de la imprenta. Dos generaciones de filólogos especialistas en Goethe han trabajado en esta obra durante un cuarto de siglo, un edificio fastuoso cuya última piedra se colocó durante la Gran Guerra, un monumento hermoso, ejecutado con extremo celo, con suma pulcritud; ninguna otra nación tiene algo ni remotamente parecido. No cabe duda de que la *Sophienausgabe* es la edición con mayúsculas, pero su envergadura la coloca fuera del alcance de la mayoría de los lectores, pues comprende nada más y nada menos que ciento cincuenta y cuatro volúmenes en gran formato, de manera que ocupa, por sí sola, toda una librería, eso sin contar con que hace mucho que está agotada y cuesta mucho encontrarla entera en librerías de viejo, donde se vende a un precio desorbitado. Siguiendo su estela apareció la edición del Gran Duque Guillermo Ernesto, que publicó la editorial Insel. Su propósito era doble: por una parte, aspiraba acertadamente a ser tan completa como la *Sophienausgabe*; por otra, pretendía subsanar su principal defecto, la dispersión, que dificulta enormemente su uso. En este caso se sacrifican las notas, las introducciones, las cronologías, para ofrecer las obras completas, con su texto íntegro y revisado, a excepción de las cartas y de las conversaciones (que acaban de publicarse por separado, pero respetando la misma estética). Al haber empleado papel biblia, la gigantesca obra queda reducida a dieciséis volúmenes bellamente encuadernados, que apenas ocupan una estantería, por lo que resulta mucho más manejable: uno puede coger un tomo y llevárselo de viaje o guardarlo en el bolsillo cuando sale a dar un paseo. Es pues la edición idónea para aquellos que quieren disfrutar de las obras completas de Goethe llevándolas siempre consigo, mientras que la *Sophienausgabe* está pensada para grandes bibliotecas, públicas o privadas, donde trabajan investigadores y estudiosos. Existe una tercera edición, la *Propyläen-Ausgabe*, que organiza las obras de acuerdo con un principio del que el propio Goethe se distanció en vida, pero que tiene un innegable atractivo desde el punto de vista de la psicología: el orden cronológico. En esta edición, las obras no se clasifican en grupos, se ordenan atendiendo a la fecha en que fueron escritas; de este modo, el lector no sólo entra en contacto con el ser de la producción goethiana, sino también con su progresivo devenir. También ésta puede ser una edición apropiada, aunque no tenga nada que ver con las dos anteriores; de hecho, uno se siente tentado a adquirir las tres, la primera para la investigación, la segunda para la lectura y la tercera como una especie de autobiografía intelectual, lo cual, a día de hoy, cuando los libros se encarecen y escasea la vivienda, es un deseo prácticamente irrealizable para un particular.

Ahora, cuando Alemania atraviesa uno de los momentos más delicados de su historia, acaba de ver la luz una cuarta edición, publicada por Ullstein, que me parece modélica en muchos sentidos. Como las anteriores, ofrece las obras completas, aunque organiza el material de manera distinta. Recoge la secuencia cronológica de la *Propyläen-Ausgabe*, pero, al mismo tiempo, agrupa las obras por géneros. Los diarios y los poemas no se mezclan con los dramas como en aquélla, donde sólo se tiene en cuenta la fecha de publicación, sino que se dividen en grupos, drama, lírica, épica, y las obras que integran cada uno de ellos se ordenan de la más antigua a la más moderna. Siguiendo el criterio de Insel, prescinde de las notas y del aparato crítico que recogía las variantes de los manuscritos, pero aporta una interesante novedad: cada tomo cuenta con una introducción, lo cual resulta muy atractivo. Para ello se ha buscado a los mejores escritores alemanes contemporáneos, a filósofos y ensayistas de primera línea, que presentan cada tomo trazando una panorámica general. Es Gerhart Hauptmann quien da la entrada y marca el tono con un preludio sencillo pero muy interesante, un acorde que no aspira a resolver el problema de Goethe pero sí lo formula magistralmente, un piadoso acercamiento al hombre que se sitúa en lo más alto del canon alemán. El prólogo general está firmado por Georg Simmel, que habla sobre «Los valores de la vida de Goethe», abordando una serie de problemas filosóficos con enorme detalle, acaso demasiado, en un magnífico ejercicio de síntesis intelectual que alcanza un extraordinario nivel. Por lo demás, merece la pena mencionar un inolvidable artículo de Hugo von Hofmannsthal sobre *Poemas del diván de Oriente y Occidente* y los agudos estudios de Hermann Bahr, Hermann Hesse y Jakob Wassermann, que sirven de introducción a cada uno de los tomos dedicados a la prosa, en cambio habría sido deseable que los artículos de Eulenberg y de Cäsar Flaischlen sobre la lírica y de Ernst Hardt sobre los dramas profundizasen algo más en el tema. En cualquier caso, estas breves pinceladas pueden facilitar a muchos lectores un primer acercamiento a la esfera literaria y despertar la curiosidad de aquellos que no están familiarizados con Goethe como astro en torno al cual giran las letras alemanas. Hasta la fecha, Ullstein ha publicado doce tomos, muy fáciles de manejar y absolutamente recomendables, que comprenden la obra literaria, a los que pronto seguirán otros ocho dedicados a las ciencias naturales, a la filosofía y a la geología. Todo un logro, doblemente asombroso, pues ha surgido en medio de las condiciones más duras y difíciles, y ofrece la oportunidad de adquirir y disfrutar de todo Goethe a un precio relativamente asequible.

Qué edición elegir, cuál de ellas es la más apropiada, queda a la discreción de cada lector. Todas ofrecen la inagotable obra de Goethe en su conjunto y cualquiera de ellas resultará adecuada siempre que nos animemos a investigar, descubrir, reflexionar y disfrutar de una figura tan portentosa. Todas ofrecen una imagen global del autor, todas lo ensalzan, que cada cual opte por la que considere más adecuada para hacerlo suyo, aunque para esto sería preciso disponer de toda la eternidad. Cada cual debe encontrar su Goethe particular, el apropiado para él, pues es tan grande, tan inabarcable, que sólo podemos aspirar a hacernos una vaga idea de su auténtica dimensión.

LA VIDA DE GOETHE
A TRAVÉS DE SUS POEMAS

EN EL ANIVERSARIO DEL NACIMIENTO
DEL AUTOR, 28 DE AGOSTO DE 1916

Encadenada a la vida de costumbre, espantosamente vulgar, el alma del individuo apenas tiene libertad; el mundo interior cede ante las obligaciones externas, los quehaceres cotidianos alienan a la persona, le impiden descubrir sus deseos más profundos e incluso expresarlos. Hoy, cuando la mirada se enturbia contemplando la tragedia de un mundo dominado por la ira, decidido a suicidarse, sería necesario volver a descubrir la dicha que brota del espíritu íntimo, pero la amargura ahoga nuestra voz, impidiéndonos pronunciar una sola palabra. En nuestra época, los sentimientos se encuentran presos en una red de acero. El alma, impotente, no logra salvar los límites que le han impuesto. La única emoción que, tal vez por ser la más noble, sigue significando algo para los hombres es el agradecimiento. Ahora, en estas horas de angustia, deberíamos dar gracias cuando una luz brilla en medio del caos, proyectando su claridad pura, deslumbrante, y no sólo eso, tendríamos que ser capaces de disfrutar de ella y de los momentos que nos brinda, porque pueden ser nuestra única salvación.

Uno de esos momentos, preciosos ahora mismo, me lo ha proporcionado una obra que ha salido a mi encuentro hace poco y, desde entonces, ha pasado a formar parte de mi vida. Siempre la llevo conmigo, pues sus dos volúmenes encuadernados en piel, que superan sobradamente el millar y medio de páginas en papel biblia, resultan muy manejables y caben perfectamente en el bolsillo; así, cada vez que me apetece, echo mano de ellos, en el tranvía o mientras doy un paseo, los busco a tientas en cualquier parte y ellos se dejan tocar y se abren espléndidos para disfrute del alma. Por desgracia, no puedo expresar mi agradecimiento a la persona que ha traído hasta mí a estos fieles compañeros, el responsable de esta edición única, enormemente práctica, Alfred Walter Heymel, un hombre emprendedor y generoso, promotor de la edición del Gran Duque Guillermo Ernesto, publicada en Insel, a quien la muerte alcanzó en Flandes. Él, como Goethe, cuya obra disfruto estos días como si fuera la primera vez gracias a su magnífico trabajo, ya está más allá de la vanidad mundana. Para un clásico universal, el mejor reconocimiento es el que brota del interior, de la emoción, de las vivencias.

Como he dicho, esta nueva edición de los poemas de Goethe en un delicioso formato de bolsillo[1] me ha deparado grandes satisfacciones, una experiencia preciosa, única, pero no es mi intención hablar de mis impresiones personales, de lo especial que ha sido redescubrir sus poemas, que procuran un infinito consuelo cada vez que uno acude a ellos, y mucho menos hacer un elogio de su importancia o de su modernidad. En realidad, los poemas de Goethe no necesitan que nadie los alabe, pues ¿quién no los conoce? Están presentes en la conversación más fugaz, viven en nosotros de una manera misteriosa, aunque no seamos conscientes de ello: expresiones, refranes y formas de hablar están empapados de su esencia; la construcción de la frase y la escritura beben de su fuerza y de su vitalidad. Los aprendemos casi al mismo tiempo que las letras, con el alfabeto, cuando tomamos por primera vez la cartilla con nuestras

---

[1] *Goethes Gedichte in zeitlicher Folge*, 2 tomos, ed. Hans Gerhard Gräf, Leipzig, Insel, 1916. (*Las notas indicadas con número son del editor alemán*).

torpes manos, la ponemos delante de nuestros ojos y vamos deletreando «La rosa en el zarzal» o «Encontrada». En la escuela, con el paso de los años, uno se va familiarizando con otros versos, los recita inseguro, balbuceando, delante de la mesa del profesor, después de haberlos aprendido de mala gana. Más tarde, el eco de esas baladas resuena en nuestro interior como el alado canto de la voz de Caín. Otros, en cambio, los hemos ido descubriendo a lo largo de nuestra vida, contemplando la luz del crepúsculo o durante un paseo por el campo. Los poemas de Goethe son tan conocidos y tan familiares para el alemán que la idea de cultura está vinculada directamente con ellos. Siendo así, ¿cómo puede ser que los perciba como algo nuevo, cuando jamás me han resultado extraños? ¿Qué ha pasado para que, al acercarme a ellos en esta edición, parezca que los estoy leyendo por primera vez, para que me hayan impactado como nunca antes? ¿Qué misterio los anima, qué secreto guardan en su alma para transformarse, para que lo propio, lo familiar se convierta en algo insólito, original?

El cambio que introduce esta nueva edición con respecto a las anteriores es mínimo, el contenido, el peso no se han alterado, lo único que ha variado ligeramente es la forma, pero como el sentido depende de las formas, cualquier modificación, por pequeña que sea, repercute en la obra, en la manera en que la interpretamos. Un pequeño retoque, una precisión filológica que aparentemente carece de relevancia, basta para que, igual que ocurre con un calidoscopio, el mosaico de cristal se recomponga y los mismos colores formen una imagen totalmente distinta. Esto es lo que ha ocurrido en este caso: la amable mano del editor, con un hábil toque, ha transformado el sentido de la obra en su conjunto. Hasta ahora, casi todas las ediciones eran antologías, donde el gusto y la intención personal del responsable determinaban los poemas que se incluían y el orden en que iban a aparecer, o bien ediciones íntegras en las que el material se organizaba siguiendo ciertos criterios más o menos canónicos, que, en lo fundamental, respondían a lo que había dispuesto el propio Goethe. Los poemas, un número formidable, estaban estrictamente ordenados y clasificados en epígrafes como «Naturaleza», «Arte», «Aproximaciones a la forma clásica» o «Dios y mundo», ciclos cerrados para los que el mismo autor había buscado un concepto que diera cuenta de su contenido de un modo elocuente. Como un ramo de flores, los versos estaban agrupados en torno a una idea que les daba unidad, formando un colosal reino lírico dividido en provincias del alma y de la razón. Ahora, el orden artístico cede a favor de un sentido de conjunto, de una estructura orgánica; la nueva edición no tiende al arte, sino a la vida. Es la primera vez que una edición completa presenta los poemas de Goethe ordenados cronológicamente, considerando únicamente la fecha en la que aparecieron, un panorama colorista, donde los textos se entrecruzan y cobran un nuevo significado. Los ramos, siempre artificiales, han quedado deshechos y una mano cuidadosa ha ido plantando cada flor en el lugar que le corresponde, componiendo un paisaje vivo y fecundo, ya que el principio según el cual se rige no es el arte, sino la existencia del propio Goethe, que desde hace mucho estamos acostumbrados a contemplar y entender como una obra de arte. En el fondo, lo que nos permite disfrutar esta nueva edición no son ya los poemas de Goethe, sino la vida de Goethe volcada en sus poemas.

En cualquier otro poeta, la viabilidad y la conveniencia de tal empresa, una labor humilde, callada, que puede pasar desapercibida, pero que exige un inmenso rigor filológico, sería discutible. En cambio, en Goethe, cuya actividad artística obedecía a la máxima: «La sustancia poética es la sustancia de la propia vida», acuñada por él mismo, la biografía facilita la comprensión de su obra y la obra nos permite entender mejor su vida, en prodigiosa reciprocidad. No hay ningún autor cuya creación poética se eleve y se disfrute más cuando uno la pone en relación con su vida, cuyo mundo interior cobre más sentido cuando se conocen los factores externos que confluyeron en él. Todo, hasta lo más remoto, tiene relación con hechos objetivos, como el propio Goethe admitió abiertamente en las memorables conversaciones con Eckermann: «Todas mis composiciones líricas son poemas de circunstancias que han sido inspirados por la realidad y que encuentran su fondo y su base en ella»,[*] una confesión que nos legitima a establecer vínculos entre una esfera y otra. Ahora, cuando uno lee por primera vez los poemas de acuerdo con este orden, tal y como fueron surgiendo hace un siglo, día a día, año a año; cuando aprecia cómo iba creciendo su fuerza creativa y luego comenzaba a petrificarse poco a poco, les otorga un sentido nuevo, mucho más personal, pues todo guarda relación con su destino, cada poema en particular refleja con mayor o menor intensidad figuras desconocidas, mujeres y paisajes, ciudades y viajes. Cada uno tiene un trasfondo concreto, es como un cuadro al que se le hubiera colocado un marco que refuerza misteriosamente sus colores; versos que hemos leído en infinidad de ocasiones adquieren un sonido distinto, el eco de la vida resuena en ellos de un modo conmovedor hasta que poco a poco se pierde a lo lejos. Lo que antes era una colección de poemas, se convierte ahora en un recorrido único

---

[*] Johann Peter Eckermann, *Conversaciones con Goethe en los últimos años de su vida*, trad. Rosa Sala Rose, Barcelona, Acantilado, 2005, p. 56.

a través de los setenta gloriosos años de su existencia que nos permite disfrutar del paisaje de su incomparable vida.

El relieve que adquiere este paisaje en cada poema en particular me parece admirable: no es un cuadro silencioso y frío, al contrario, sentimos el pulso de la sangre que bulle y, cuando nos adentramos en él, percibimos el paso de las estaciones, primavera, verano, otoño e invierno, a medida que transcurre el tiempo; un misterio que está relacionado con el despertar y el declinar del arte, el florecimiento y la decadencia del impulso creador, la savia que nutre la vida y luego se seca. En la primera página nos encontramos con un poema que Goethe escribió para sus abuelos, cuando sólo tenía ocho años, y que lleva por título: «Con motivo del gozoso comienzo del año 1757, para mis entrañables y venerados abuelos de su devoto nieto». Sus versos nos trasladan al cuarto del niño en Fráncfort, una pequeña pintura al pastel, una escena conmovedora en la que observamos al muchacho en su círculo más íntimo. Torpes, rígidos, como los trazos de su escritura sobre la hoja amarillenta que se puede ver en la casa de Hirschgraben, donde pasó su infancia y su juventud, llenos de formas prefijadas que recargan la expresión, salta a la vista que la palabra no se ha acomodado aún a la rima, como la mano infantil tampoco termina de acomodarse a la pluma. Algunas páginas más adelante entramos en sus años de juventud, en los que ensaya, cada vez con más habilidad, poemitas en francés, en inglés y, por supuesto, en alemán, que fluyen ágiles y pulcros de la ligera mano del escolar. Luego, de repente, un primer hito: Leipzig, el intrépido pájaro extiende sus alas y comienza a salir del nido. De pronto, el joven se ha convertido en un universitario que goza de la vida a orillas del río Pleiße, juegos y diversiones, amigos y bailes, riñas y paseos a caballo le inspiran pequeños poemas que reflejan el gusto de la época, versos alejandrinos, retóricos y afiligranados, pastoriles, decorados con cintas de colores, en un ambiente campechano, rebosante de alegría, propio de un baile de disfraces, con rimas agudas que restallan como un látigo. Las páginas reflejan el carácter del entonces estudiante Johann Wolfgang, un muchachito delicado, con trenza, polvera y bastón de paseo, un joven inquieto, que disfruta con el ambiente cosmopolita del «pequeño París», título que dio a Leipzig en *Fausto*. Estos coqueteos líricos continúan en las siguientes páginas, hasta que, al cabo de unos años, nos encontramos en Estrasburgo, donde nos aguarda una sorpresa prodigiosa y conmovedora. Allí, inesperadamente, descubrimos un poema, un verdadero poema, un poema soberbio, consumado, con un comienzo indómito, tempestuoso: «Vibró mi corazón, ¡pronto, el caballo!». El asombro se apodera del lector que se halla de improviso ante la fuente de tantos deleites, de tantos juegos, un milagro inexplicable que transciende el tiempo, que supera al autor y al lector; aquí, en estas canciones a Friederike, la lírica alemana consigue por primera vez un poema puro y perfecto. A partir de esta página, a partir de este poema, el primero que merece tal nombre, brota por fin la inspiración y se derrama en un torrente que fluye turbulento formando un arroyo colosal, rumoroso, que se prolonga a lo largo de un millar y medio de páginas alcanzando una plenitud insólita, una experiencia profunda que adquiere un aspecto diferente con cada nueva lectura. Comienzan ahora unos años fabulosos, los años de Wetzlar, de Fráncfort y de Weimar, la primavera de la creación, una época extraordinariamente fecunda, hacia la que el viejo Goethe volverá su mirada lleno de sublime nostalgia, evocándola en el «Prólogo» de *Fausto* como un tiempo «en que un manantial de frescas canciones, | siempre nuevas, alumbraba mi pecho».

Una estrella se alza sobre el mediodía de la vida e ilumina con una luz cada vez más clara los vastos horizontes del conocimiento, un firmamento que comprende todas las épocas y todos los pueblos se curva sobre el hombre y sobre su existencia individual, conquistando todas las formas y, con ellas, la armonía. Es ahora cuando el paisaje del mundo goethiano, un paisaje infinito que ha ido ganando profundidad desde sus inicios torpes, frívolos, muestra su verdadera fuerza, un poder único que inspira poemas muy heterogéneos. Al mismo tiempo, el autor cobra conciencia de que su propia figura comienza a diluirse y se convierte en una gigantesca alegoría de lo sublime. El entusiasmo que desbordaban las primeras páginas del libro, aquella pasión por romper cualquier límite comienza a apaciguarse poco a poco. El sabio eclipsa al poeta, el hombre con responsabilidades públicas se impone al creador que obedece únicamente a sus impulsos, el símbolo prevalece sobre la observación, el anagrama sobre la transparencia, la oscuridad órfica sobre el convulso juego de colores: es asombroso cómo se perciben los primeros fríos de la edad en el mármol del poema, cómo se templa la sangre bajo las constricciones de las antiguas formas orientales. Si uno tuviera que elegir una ilustración para esta parte del libro, sería una reproducción de los bustos de piedra de David d'Angers o de Rauch, el icono del sabio, cuyos ojos conmovedoramente oscuros y cuya frente, alta, despejada, prominente, otorgan al rostro un carácter especial. Casi sin darnos cuenta, hemos ido envejeciendo con él, con la sangre que bullía en sus poemas, hasta que ahora, al final de su vida, una vida larga, compleja, fecunda, eterna, advertimos la dulzura, la naturalidad con que se ha desarrollado, el carácter único, orgánico de una existencia en la que no existen divisiones, en la que no se producen roces entre unas épocas y otras, por convulsas que sean, sino que todo se resuelve y se eleva en una síntesis perfecta. Por muchos cambios que traiga consigo un nuevo período, lo anterior nunca se pierde por completo, «perdura en el cambio», y resulta conmovedor sentir la capacidad del maestro—una sublime prerrogativa reservada a los más grandes, como él mismo reconocía—, absorto, inmóvil, solitario, para recuperar la juventud, reinventándose una y otra vez. Cuando uno lee los versos de los últimos años de Weimar, sentencias amargas, imágenes marmóreas, afectos idealizados, tiene la impresión de que un viento helado congela cualquier sentimiento; entonces pasa la página y se encuentra con «Viaje a Franconia» o con «Viaje a Bohemia», poemas tardíos, y la percepción cambia por completo, pues las canciones que dedica a Marianne von Willemer o a Ulrike von Levetzow son un prodigio de imaginación y de lirismo, que sorprende por la modernidad con la que trata las emociones. Nunca, desde la primera a la última página, que recoge unos versos llevados al papel con mano temblorosa en marzo de 1832, pocos días antes de su muerte, perdemos de vista esta perspectiva: el autor nos devuelve una y otra vez al centro de la existencia, y ya septuagenario resume su visión del mundo en una sola frase: «Comoquiera que sea, la vida es buena».

Este profundo misterio, la transformación de la vida en arte, desde la infancia hasta la vejez, animada por un espíritu que sobrevive al tiempo y que comprende todas las edades del hombre, estaba ya en el *Fausto* y en *Wilhelm Meister*, dos obras iniciadas en la juventud y culminadas en la vejez, fruto de una vida rica y fecunda. Esta nueva edición de los poemas de Goethe, entendidos como un todo, ordenados cronológicamente, nos ofrece una tercera oportunidad para constatar que, en su caso, obra y vida forman un ser único, inseparable, que florece y agoniza lentamente.

Hasta ahora no habíamos podido apreciarlo con tanta claridad, no habíamos tenido ocasión de disfrutar comparando unos poemas con otros, sabiendo que el sentido de cada poema depende del conjunto y que el carácter del conjunto tiene su origen en cada poema en particular. El hecho de que se incluyan poemas que aparentemente carecen de importancia, versos que son poco más que su rima, material inerte que se ha poetizado a sí mismo, por así decirlo, y que carece de cualquier aliento creativo, no hace más que reforzar la vertiente humana de Goethe, sin rebajar su altura como artista. Esta alternancia, poemas verdaderamente magníficos junto a versos anecdóticos, sin mayores pretensiones, permite que cualquier lector, incluso el menos entendido, se acerque tanto al artista como al hombre de carne y hueso, para descubrir que, en la esfera espiritual, lo humilde, lo cotidiano, está estrechamente unido a lo sublime y que es en esta mezcla entre lo común y lo extraordinario donde se revela el genio, donde la vida de costumbre adquiere un valor fabuloso, elevándose portentosamente. Que una obra se humanice, en lugar de divinizarse, facilita siempre su comprensión, y éste es el motivo por el que el editor ha optado por ofrecer los poemas en bloque, sin realizar ninguna selección, respetando su orden cronológico, para que podamos penetrar en su sentido último, el de su propia vida.

Justo ahora, en estos días, la vida de Goethe vuelve a estar de actualidad. Dos estudios amplios, completos, profundos y bien documentados, el de Houston Stewart Chamberlain y el de Georg Simmel, han visto la luz casi al mismo tiempo, brindando una imagen renovada del escritor; Emil Schaeffer ha publicado *La figura de Goethe vista desde fuera*, una colección de semblanzas de sus contemporáneos; y en la que fue su residencia en Weimar, a pie de obra, se sigue trabajando incesantemente. Durante todos estos años, han sido muchos los que se han burlado de quienes se ocupaban de guardar cualquier reseña adjunta a un libro, de seguir el rastro de Goethe allí por donde hubiera pasado, aunque no quedasen más que polvo y ruinas; a mí, en cambio, esta labor callada, pero apasionante, no me parece nada desdeñable, pues cualquier tarea que sirva para acercarnos al genio resulta fecunda y los hombres que consagran su vida a este discreto trabajo merecen nuestra gratitud por todo lo que nos ofrecen. Hans Gerhard Gräf, la persona que ha preparado esta magistral edición de los poemas de Goethe (una empresa que ha requerido complejísimas lecturas, profundos análisis y años de intensas investigaciones), también es el responsable de una obra en nueve volúmenes titulada *Comentarios de Goethe a sus poemas*, un compendio único donde el autor valora su propia obra, y ya está preparando—¡ojalá lo lleve a buen término muy pronto!—un anuario que nos mostrará día a día la actividad que desplegó este hombre único de la mañana a la noche, revelando así los pormenores de una vida ejemplar, desvelando sus secretos y arrojando más luz que los estudios al uso, extensos y sesudos. Sus manos laboriosas han ido reconstruyendo capa a capa la existencia de Goethe, recuperando cada página que escribió, recogiendo todas sus imágenes. La marea que partió de Weimar y se derramó sobre el mundo de mil formas distintas, con una fuerza inagotable, refluye y vuelve a su origen. Cada mueble—¡cuánto ha costado recuperar los que estaban dispersos!—ocupa de nuevo el lugar que le corresponde y recibe como antaño a los visitantes, que acuden allí en busca del genio. En medio de la guerra, los implicados en este proyecto han reunido meticulosamente, con ese rigor que sólo se encuentra en Alemania, las colecciones de minerales, de plantas, de camafeos que tanto apreciaba, a las que dedicó tanto tiempo, en las que puso tanto empeño, para montar con todas estas piezas una magnífica exposición, que ilumina una nueva faceta de su existencia. Cada uno trabaja de forma individual y, sin embargo, colaboran en una acción común; lo que hacen es más que erigir un monumento, porque, en último término, la actividad de Weimar tiene como objetivo la restauración de una figura real, instituyendo un símbolo visible de su personalidad gigantesca. Allí donde la vida se extinguió físicamente es donde se reconstruye espiritualmente a partir de sus propios elementos; si el tiempo nos insensibiliza y nos aleja de la persona, la entrega a esta causa noble y justa, y el trabajo esmerado nos aproximan al creador.

SOBRE LOS POEMAS DE GOETHE

(PRÓLOGO A LA ANTOLOGÍA POÉTICA
QUE HE PUBLICADO EN PHILIPP RECLAM JUN.)

El primer poema de Goethe aparece garrapateado con torpeza por una mano infantil, la de un niño de ocho años, sobre una tarjeta de cumpleaños destinada a sus abuelos. El último lo escribe con pulso tembloroso, días antes de su muerte, un anciano de ochenta y dos años. Éstos son los límites entre los que se desarrolla la obra del patriarca de la literatura alemana, cuya cabeza, siempre fecunda, estuvo rodeada por el aura de la poesía permanentemente. En su larga vida no hubo un solo año, en sus muchos años no hubo un solo mes, y en ningún mes hubo un solo día que este hombre singular no rubricara con su palabra, tratando de ahondar en el misterio que envolvía su alma para darle el mayor relieve posible.

La producción lírica de Goethe comienza, por lo tanto, el día en que toma la pluma para trazar sus primeras letras y no concluye hasta que exhala su último aliento; en su caso, la poesía es tan natural y tan indispensable para dar una interpretación coherente a la vida como lo es la radiación para la luz o el crecimiento para el árbol. Se trata de un proceso orgánico, de una función elemental, de una actividad que no se puede separar de la persona de Goethe y a la que cuesta incluso dar ese nombre, porque actuar implica una intervención de la voluntad, algo que en este autor no sucede, ya que estamos ante una naturaleza apasionada, creativa, en la que el embate del sentimiento desencadena una reacción química cuyo producto final es la poesía. El tránsito de la prosa a la palabra lírica, poética, no puede ser más espontáneo: en medio de una carta, de un drama o de un relato breve, el texto cobra alas y, desprendiéndose de cualquier atadura, se eleva haciendo que la expresión literaria alcance cotas excepcionales. La pasión se traslada a un plano diferente, el sentimiento se disuelve en las esferas. Si uno repasa de punta a cabo la larga vida de Goethe, es prácticamente imposible encontrar un acontecimiento de cierta importancia que no haya sido objeto de una reelaboración poética. El escritor no entiende el poema si no existe una vivencia que lo respalde, pero tampoco concibe una vivencia sin la dorada sombra del poema.

En ciertos momentos, este torrente lírico sufre interrupciones y sobresaltos, igual que el cuerpo sufre desmayos, pero nunca llega a secarse del todo. A medida que se aproxima el final de su existencia, uno llega a pensar que el manantial del que brotan estas aguas está a punto de agotarse, que va a acabar cegado por la apatía, cubierto por los escombros de la costumbre. Pero, de pronto, una vivencia, una explosión de sentimiento consiguen que otras aguas afloren a la superficie, que un nuevo pozo, más profundo, por decirlo de algún modo, comience a nutrir sus venas, que se rejuvenecen con el torrente de versos que vuelve a fluir por ellas; no es sólo que la palabra lírica recobre su antiguo vigor, sino que—¡y esto es lo fabuloso!—lo hace con otra melodía, hasta entonces desconocida. El poeta renace, se reinventa, y la música que resuena en su interior se transforma con él; su sangre hierve y, al enfriarse, destila poemas que desprenden un aroma distinto, en el que, sin embargo, se puede reconocer el antiguo, el de siempre. Como él mismo decía: «Me divido, queridos míos, pero sigo siendo único».

La altura y la tensión que alcanza el espíritu lírico en este poeta me parecen insuperables: en la literatura universal no hay nada que se pueda comparar con él ni por su recorrido, ni por su intensidad, ni por su perfección. Al leer sus versos sólo descubrimos otro impulso tan tenaz y tan vigoroso: la pasión de articular el espíritu a través del pensamiento igual que el poema articula lo vivido por medio de las formas. Ambos procesos obedecen a una misma voluntad, el afán de transformar la vida que se nos ha dado, convirtiéndola en forma y en pensamiento, elevándola así a un orden artístico. Del mismo modo que los torrentes del Paraíso brotan de un manantial único, el que guarda la esencia original del ser, y llegan hasta los confines del mundo, estos dos torrentes nacen del espíritu íntimo y van evolucionando a lo largo de toda su existencia hasta llegar a su culmen; su mutua dependencia y su rigurosa simultaneidad constituyen el secreto de su unión.

Cuando estas dos vertientes de la vida de Goethe, la del poeta y la del pensador, se entrecruzan, el resultado es espléndido, pues espíritu y sentimiento se disuelven por completo uno en otro. Unas veces, ambos mundos coinciden en su cúspide y entonces aparecen esos poemas de tono órfico, reflexivos, mesurados, que constituyen una de las cumbres del pensamiento de la humanidad y, al mismo tiempo, coronan el reino de la lírica; otras, se tocan por su base y sus raíces se entrelazan y crean vínculos profundos, perfectos, que unen lengua y espíritu, como ocurre con *Fausto* o con *El retorno de Pandora*, poemas por encima de cualquier otro poema, poemas universales.

Esta proyección de la esfera lírica sobre dos líneas de fuga que convergen en el horizonte requiere, como es natural, una expresión depurada y universal. Goethe, cuya lengua materna es el alemán, tiene que crear una poesía... prácticamente de la nada. El patrimonio lírico que recibe de sus predecesores está desgastado, cubierto de polvo, descolorido y encerrado dentro de los estrechos límites de ciertas modas y estilos poéticos. Con carácter general y desde una perspectiva académica, los poemas se cataloga ban atendiendo a su temática y a su origen: el soneto procedía del mundo románico, el hexámetro y la oda eran un legado de la Antigüedad, la balada la habíamos recibido de manos de los ingleses y el único poema estrófico propio de nuestra tradición, la canción popular, tenía una estructura bastante libre. Goethe, impetuoso como un torrente, para quien la materia y la forma, el contenido y el continente, «el núcleo y la corteza» constituyen una unidad viva, toma en sus manos todas estas formas, las hace suyas y las completa, aunque pronto se pone de manifiesto que no permiten encauzar una crecida tan violenta, tan arrolladora. Su versatilidad creativa supera cualquier límite, el ímpetu de su palabra derriba cualquier muro. Impaciente, abandona estas formas sujetas a la tradición buscando mayor libertad:

Los versos bien medidos tienen un dulce encanto,
el talento se complace en su ritmo acompasado,
pero terminan fatigándonos y pronto sentimos un profundo
    rechazo
hacia esas máscaras huecas, sin sangre y sin sentido.
Para recuperar la alegría, el mismo espíritu
ansioso de formas nuevas, originales,
debe acabar con aquellas que están muertas.

Las «formas nuevas» a las que se refiere Goethe en este poema no son rígidas, no responden a un patrón único; al contrario, se siente atraído por las formas de todas las culturas y de todas las épocas, su curiosidad lingüística le impulsa a probar todas y cada una de ellas, y lo cierto es que no se da por satisfecho con ninguna: desde el hexámetro clásico, amplio, pausado, hasta los versos de la primitiva épica germánica, con su rima aliterativa, intensos, apasionados; desde la rima anudada de los poemas de Hans Sachs hasta los himnos de Píndaro, cuyos versos fluyen libremente; desde el *makam* persa al aforismo chino, revisa e incorpora cualquier metro con una energía desbordante, que lo envuelve todo. No contento con esto, crea cientos de formas nuevas en la poesía alemana, estructuras que no tienen nombre o ni siquiera es posible nombrar, unas regulares y otras irrepetibles, ritmos que le debemos a él únicamente, a su suprema audacia, metros que las siguientes generaciones, incluida la actual, no han llegado a superar. A veces, a uno le asalta el temor de que los setenta años de su poesía hayan agotado la capacidad de la lírica y, en general, de la lengua alemana para innovar, para seguir progresando, ya que, del mismo modo que él apenas tomó algo de la anterior generación, las que han venido después tampoco han añadido nada especial a la expresión poética. Su personalidad y su obra imperecedera se alzan en solitario entre lo anterior y lo posterior.

Ahora bien, la variedad formal, a pesar de ser importante, no bastaría por sí sola para explicar el puesto de primer orden que ocupa dentro de la literatura alemana. La transcendencia de un poeta depende, ante todo, de la manera en que se hace presente en su obra, he ahí el verdadero milagro, el hecho de que, dentro de su diversidad, cada solución y cada hallazgo llevan la marca invisible de la unidad y de la originalidad, es decir, que cada poema se nutre, de una manera casi mística, de su propia sangre que penetra hasta en la última vena de sus versos. Este signo de realeza, este signo de nobleza espiritual y lingüística, constituye una marca única que se aprecia con claridad en cualquiera de las obras de Goethe: con independencia del carácter particular que, como es lógico, imprime a cada una de ellas, es así como lo reconocemos, sin lugar a dudas, como único autor posible. Es más, los verdaderos expertos son capaces de decir a qué cosecha lírica pertenece un verso, precisando el año y las circunstancias con asombrosa exactitud, a partir de la entonación, de una palabra en concreto o de un matiz prácticamente imperceptible que pueden relacionar con su juventud, con su época clásica o con sus últimos años, incluso con un ciclo en particular. Igual que reconocemos el *ductus* de su caligrafía, a pesar de las transformaciones que experimenta a lo largo de su vida, y un solo trazo de una sola palabra identifica a Goethe como el autor de determinado texto, así una página en prosa o un simple cuarteto bastan para afirmar, sin temor a equivocarnos, que quien está detrás de ellos es el genio. El macrocosmos, el universo de Goethe, también es perceptible en el microcosmos, en el poema más breve.

No obstante, por fácil que resulte reconocer lo específicamente goethiano en un fragmento lírico, explicar de forma objetiva, categórica, qué elementos nos permiten llegar a este juicio, absolutamente personal, es una empresa harto difícil, por detallado y extenso que sea el estudio que se le dedique. En el caso de Hölderlin o de Novalis, en la lírica de Schiller, no es tan complicado determinar los rasgos lingüísticos que caracterizan su estilo, describir su métrica y definir sus valores estéticos, porque la lengua que emplean se distingue por una coloratura especial, los ritmos reflejan un temperamento muy concreto y las ideas que manejan se circunscriben a un círculo perfectamente acotado. Con la lírica de Goethe, en cambio, cualquier formulación teórica acaba irremediablemente en una sucesión de metáforas triviales o en palabrería hueca. Su lengua no tiene una coloratura específica, sino que abarca el espectro entero; su palabra fluye incontrolable, en torrentes donde la luz se descompone y se transforma en un arcoíris multicolor; si la imagen no resultase demasiado atrevida, se podría decir que la palabra de Goethe es un sol y no un simple rayo aislado. Sus versos tampoco se ajustan a la métrica del troqueo o del dáctilo, no se someten a un patrón único, sino que recogen el ritmo de la vida y del sentimiento, de modo que en cada acento se aprecia el latido impetuoso o apacible del corazón del hombre. En estas circunstancias, la expresión lírica se identifica con la naturaleza misma del genio, que lo comprende todo. Es ella y no la literatura la que permite explicar la obra de Goethe. Cualquier análisis de sus poemas termina rebasando el ámbito de lo verbal para ir a lo elemental, a su naturaleza, a su sensibilidad y a su experiencia universal. En último término, el carácter singular de su poesía no reside en la materialidad de la obra, sino en la personalidad del autor, un núcleo creativo indivisible que permanece inalterado a pesar de las incesantes transformaciones que atraviesa su producción.

No deja de ser paradójico que el único freno para comprender adecuadamente el ser de Goethe, ese carácter único, «misterioso y evidente» a un tiempo, sea su propia perfección. Es difícil articular lo infinito, abarcar lo inabarcable. Si a los alemanes les sigue costando tanto entrar en el mundo de Goethe, familiarizarse con él, la culpa no es tanto suya como de la riqueza que encierra. No exagero al decir que se necesitaría toda una vida para poder abarcar la de él, años de estudio para poder comprender su legado: sus escritos sobre ciencias naturales constituyen, por sí solos, un universo; sus sesenta volúmenes de cartas, una enciclopedia. La obra lírica, con más de mil poemas, se resiste a cualquier mirada que no cuente con el apoyo de una adecuada formación para descubrir la unidad dentro de la diversidad. Esto explica la necesidad de realizar una selección que permita reducir esta pluralidad a unos límites razonables, facilitando así al lector una idea general lo más clara posible.

Como es natural, un proyecto de esta envergadura, escoger los versos esenciales de la obra lírica de Goethe, puede parecer irrealizable. ¡Cualquiera se sentiría incapaz de llevar a cabo dicha selección! La única manera de afrontar esta responsabilidad es reconocer humildemente que el criterio para elegir los poemas no debe venir dictado por la soberbia intelectual ni por los gustos personales del antólogo: para abordar esta tarea con éxito hay que admitir que el espíritu de toda una generación coopera de un modo u otro en esta labor, aunque aquel que la desarrolla no sea consciente de ello. La persona y la obra de Goethe—nadie niega este hecho—van cambiando, van transformándose de generación en generación y, dentro de cada una, adquieren un significado especial en cada edad. Puede parecer que esa sucesión de metamorfosis espirituales que llamamos Goethe acabó el 22 de marzo de 1832, pero lo cierto es que su figura y su influencia han continuado evolucionando con el paso del tiempo, a lo largo de todos estos años. Goethe no es una idea dada de una vez para siempre, no es una figura momificada en la historia de la literatura: en cada generación se da un nuevo sentido a sí mismo, en cada edición adopta una forma distinta. Por poner un ejemplo dentro de la lírica: ¡qué cambio ha experimentado *Poemas del diván de Oriente y Occidente*! A nosotros nos fascina su enorme energía, su vitalidad, que consideramos una revelación casi mágica del propio ser del autor, un anciano que encara el último tramo de su existencia; sus contemporáneos y, en general, los lectores del siglo XIX juzgaron esta misma obra como un juego de máscaras grotesco y galante que perdonaban por condescendencia. Con las baladas de la época de Schiller y con algunos de sus poemas más populares ocurre justo lo contrario: hoy apenas los valoramos, tal vez porque se han cantado demasiado. El Goethe de la escuela que había descendido del Olimpo, comprensible para todos, el artista clásico, vinculado con la Antigüedad, se ha hecho cada vez menos accesible después de Hölderlin y de Nietzsche. La imagen del poeta concreto, tangible, cede frente a la del artista oscuro, misterioso, autor de poemas órficos que revelan una visión del universo sumamente personal. Parece obvio que una antología del siglo XX, dejando a un lado las valoraciones particulares, tendrá un perfil completamente distinto del que presentaban las recopilaciones del siglo XIX.

Aunque no podemos utilizar la misma vara de medir, hay una regla que servía entonces y sigue teniendo validez ahora: separar lo poético, lo perdurable, lo valioso de lo prosaico, lo casual, lo corriente. A primera vista parece un trabajo sencillo, pues bastaría con prescindir de aquellos versos que han surgido en la corte, por compromisos, como un mero juego o como producto de las circunstancias, versos insustanciales, que son poco más que su rima, material inerte que se ha poetizado a sí mismo, versos indignos de un maestro, propios más bien de un aprendiz de brujo. Por desgracia, el editor choca con una dificultad inesperada, un factor nuevo con el que no contaba, que puede obligarle a tomar decisiones que contravienen este principio fundamental. En el proceso de selección, mientras uno se decanta por ciertos versos y descarta otros, no es raro encontrar poemas concretos de los que habría que prescindir por motivos puramente estéticos, pero que, curiosamente, se resisten a ser expurgados por razones que no tienen nada que ver con lo artístico y aspiran a ocupar un lugar por derecho propio. No tardé en darme cuenta de que, como ocurre en tantos otros aspectos de la vida, también el arte reconoce cierta legitimidad a las obras que han perdurado en el tiempo o con las que hemos desarrollado un vínculo afectivo. Hay poemas cuyo valor no depende de su calidad artística, sino del *pretium affectionis* del pueblo, que jamás se separaría de ellos, que les da el mismo tratamiento que a un legado familiar, pues le han acompañado desde siempre y, aunque no tengan valor en sí mismos, han sido santificados hace mucho por la piedad. ¿Qué hacer, por ejemplo, con un poema como «La rosa en el zarzal»? Considerado en sí mismo, tal vez sea demasiado ligero e inocente para el gusto actual; por otra parte, los filólogos aseguran que no se le puede atribuir a Goethe y que, en el mejor de los casos, habría que considerarlo como una reelaboración de una canción popular conocida desde tiempo atrás. Si fuéramos estrictos, tendríamos que descartarlo sin más; pero ¿cómo vamos a prescindir del poema con el que conocimos el nombre de Goethe en nuestros primeros años de escuela, cuya melodía flotaba en nuestros labios infantiles, y cuyo título, apenas pronunciado, nos devuelve sus versos palabra por palabra? Otro ejemplo: «De mi padre tengo la estatura». Cualquiera completaría el verso, casi sin querer, pues ¿quién no conoce el poema? Se trata de una pieza más graciosa que lírica y con escasa relevancia. Un juez que se guiara por criterios meramente estéticos debería retirarla de cualquier antología. Pero ¿cómo vamos a sacrificar esta página, esta «gran confesión», que dibuja con un solo trazo y una agudeza inolvidable la naturaleza de la persona en su vertiente física y espiritual? Se podrían citar muchos otros versos a los que les falta luz y color, pues son reflejo de figuras y situaciones más bien anodinas, versos dedicados a Charlotte von Stein, a Lili y a Friederike, que se parecen más a una carta que a un poema, que están más cerca de un suspiro o de un guiño que de una obra de arte, pero que, a pesar de ello, resultan imprescindibles para conformar una semblanza biográfica completa. Pronto tuve que admitir que un exceso de rigor en el juicio estético no conduciría a nada, que sería como pretender separar los nervios de la carne, que una selección estricta, escrupulosa, basada en criterios exclusivamente artísticos terminaría alejando la lírica de la vida, el poema de aquello que lo inspiró, la obra de arte de la biografía de un hombre cuya persona, sublime, única, es una obra de arte en sí misma. Así las cosas, se imponía realizar una selección más abierta, donde, por encima del estilo, se respetara la clave sobre la que se ha asentado el orden terrenal desde el principio de los tiempos: la vida de Goethe debía entenderse desde el misterio de la creación.

No sólo la selección, también el orden de los poemas viene determinado por la convicción de que la vida y la obra de Goethe forman una unidad indisoluble: los textos siguen una secuencia cronológica (aprovechando el magistral trabajo de Hans Gerhard Gräf), de acuerdo con la fecha en la que fueron escritos. Esta distribución choca frontalmente con la autoridad suprema del propio poeta, que, en la edición canónica de sus poemas, decidió utilizar epígrafes como «Naturaleza», «Arte», «Sonetos», «Aproximaciones a la forma clásica» o «Dios y mundo», ciclos cerrados, para los que el propio autor había buscado un concepto que diera cuenta de su contenido de un modo elocuente. Los poemas se escogen cuidadosamente, como si fuéramos a preparar con ellos un ramo de flores, atendiendo a su tonalidad, a su métrica, a su naturaleza, formando un colosal reino lírico dividido en provincias del alma y de la razón. Nuestra antología, en cambio, deshace los ramos, siempre artificiales, y va plantando cada flor en el lugar que le corresponde, allí donde creció, recordando aquel pasaje de las conversaciones con Eckermann, en el que el mismo Goethe confiesa: «Todas mis composiciones líricas son poemas de circunstancias que han sido inspirados por la realidad y que encuentran su fondo y su base en ella».[*] Cada poema vuelve a la tierra de la que brotó, al momento en el que apareció. Los poemas no se clasifican atendiendo a su temática o a sus rasgos formales, sino que se presentan tal y como surgieron: primero, los versos de juventud; luego, los de madurez; y, por último, las grandiosas alegorías intelectuales de la vejez. Desde mi punto de vista, ésta es la mejor perspectiva para contemplar la fabulosa corriente lírica que brota del espíritu de Goethe, desde el manantial del que nace hasta la desembocadura en la que se une con el infinito. Paisajes y estaciones, personas y acontecimientos confluyen en una ola que se agita incesantemente. No es casual que comience con aquellos tempestuosos versos de juventud, donde el martillo del corazón hace pedazos las rígidas formas de la lírica alemana, y termine con el misterioso «Coro místico», suspendido entre el cielo y la tierra, que el anciano concibe para que Fausto, la «principal empresa» de su vida, pueda entrar en la eternidad de la que él también aspira a participar. Entre ambos extremos se desarrolla un viaje fascinante a través de un mundo dominado por el cambio, la sangre que bulle y se congela, el ritmo que se acelera y se refrena haciendo que los versos se cristalicen o se petrifiquen como si fueran de mármol, el sentimiento que se desboca para luego, poco a poco, volcarse en la contemplación, el periplo de un artista con una vida

---

[*] *Conversaciones con Goethe*, op. cit., p. 56.

sublime, ejemplar, la más humana de todos los tiempos. Considerando su destino, la lírica de Goethe no se puede entender como una melodía que sirve de acompañamiento a su vida, como una música de fondo que da un matiz especial a su existencia, sino como síntesis sinfónica de su ser, un acorde formidable que retumba en su pecho y cuyo eco imperecedero sigue resonando hoy gracias a la magia del arte que lo prolonga hasta el infinito.

«KLEIST», DE FRIEDRICH GUNDOLF

En su libro sobre Goethe, un estudio inteligente, que llama la atención por su amplitud de miras, convertido ya en un clásico, Friedrich Gundolf trazó el perfil de un autor que abarca toda una época, implicándose en ella profundamente, una figura que atraviesa la historia alemana, el único autor que, por la riqueza de su vida, la diversidad de sus intereses y la versatilidad de sus formas encierra en sí todo un universo, una realidad más allá de este mundo, por encima de la terrenal. Ahora, en *Heinrich von Kleist*, que acaba de publicar la editorial Georg Bondis, se diría que ha escogido deliberadamente su antítesis perfecta, un hombre aislado, un «anacoreta nato», a quien un destino aciago le niega lo que más desea: encontrar la forma de ligarse íntimamente con su tiempo, con su patria, con sus hombres y también con sus escritores. Soportando la soledad, la más terrible a la que un genio creativo haya tenido que enfrentarse jamás; incapaz de unirse a su generación; rozando con la punta de los dedos la meta que tanto anhela pero sin poder alcanzarla por los caprichos del destino; sin escuchar a nadie y sin que nadie lo escuche, por lo menos en su época; envuelto en una trágica nebulosa; marcado con un estigma demoníaco, vaga errante hasta que agotado, desesperado, se quita la vida cuando parecía que había llegado su momento, cuando todo estaba a punto de comenzar.

Gundolf, el crítico literario más clarividente y agudo de nuestro tiempo, describe la condición trágica del autor con una objetividad única. Los admiradores de Kleist, cada vez más numerosos, conmovidos por el drama vital de este hombre, subyugados por su fatídico destino, tienen por fin la oportunidad de llegar al fondo de su persona, dejando a un lado la pasión gracias a un enfoque—acaso demasiado aséptico, demasiado claro, demasiado frío—que oscila entre el estudio académico y los ensayos de Stefan George, manteniendo siempre la distancia, sin dejarse arrebatar por los sentimientos, que descompone y analiza con una claridad cristalina; donde otros se dejan llevar por el *pathos* o por la compasión, él consigue dominar las emociones y reducirlas a conceptos. Así, sus juicios, siempre ecuánimes, impasibles donde todos perderían los nervios, serenos incluso cuando mira al abismo, plantean el problema de Kleist con una nitidez que ninguno de sus predecesores ha alcanzado ni siquiera de lejos. Con trazos firmes, precisos, imborrables, con los que se remonta al pasado y se proyecta hacia el futuro, ensalza su grandeza y, al mismo tiempo, fija sus límites con absoluta imparcialidad, prescindiendo incluso de las palabras del propio genio, tal vez demasiado ligeras. Para él, Kleist no es un «grande sin más», sino «un alma asombrosamente fuerte», una definición que nos invita a considerar la advertencia de Goethe según la cual los «talentos fuertes» están abocados a la tragedia. Desde su punto de vista, el fracaso de Kleist se debe, en último término, a la falta de relaciones, en particular con su país, como suele ocurrir con los dramaturgos alemanes, aunque en este caso en concreto alcanza un grado extremo, pues estamos hablando de una persona hosca, terca y obsesiva. Gundolf hace un estudio espléndido del carácter del autor, explicando su aspereza y su obstinación, que se reflejan tanto en el plano cultural (fue incapaz de compartir las grandes ideas de su tiempo), como en el plano literario (es inaudita la violencia que ejerce sobre la lengua, retorciendo la sintaxis) y en el personal, donde «trata de cerrar por la fuerza la brecha que se abre entre su alma y el mundo». Estas tres variables describen con exactitud matemática la poética de Kleist, fruto de una naturaleza genial, en permanente tensión, suspendida entre su persona y el mundo, pero cuyo espíritu no logra tender vínculos entre ambas esferas; Kleist es el hombre de las tensiones, de los excesos sentimentales, de los estallidos tempestuosos (aunque, en el fondo, su estilo era el de un músico y, seguramente por ello, escogió el drama como forma de expresión), un autor que debe expresar de forma trágica la sensualidad, la intensidad de su naturaleza volcánica, cuyas obras poseen un dinamismo inigualable, una energía que un genio más equilibrado—como, por ejemplo, Goethe—no ha alcanzado jamás en el ámbito dramático. Ateniéndose a estas líneas, Gundolf traza un esbozo magistral del carácter poético del autor. Una vez que ha centrado el tema, pasa a analizar sus dramas, cada uno de los cuales es, en sí mismo, una obra maestra. Gundolf, cuya agudeza nunca dejará de asombrarnos, distingue entre el Kleist del *deber* y el del *poder*, confrontando una pieza como *Pentesilea*, donde el erotismo reprimido, frustrado, se expresa con una violencia brutal, arrolladora, con una obra como *El cántaro roto*, un divertimento más o menos gratuito con el que presume de su dominio técnico y de su habilidad para graduar la tensión. Distingue claramente cada uno de los demonios que le acechan, les da forma plástica y combate con ellos heroicamente, hasta el final, en *El príncipe de Homburgo*, su obra póstuma, donde todos ellos convergen en un destino único y Kleist, después de muchas vicisitudes, muestra su ser más auténtico, su sangre prusiana, y se revela como el poeta del deber, el abogado de la sujeción y el adalid de la disciplina, justo cuando se dispone a acabar con su vida. Gundolf tampoco pierde de vista los relatos, que repasa de forma somera, pero profunda. Una vez más nos enfrentamos a las obsesiones del autor, a la voluptuosidad de la forma, a la tensión asfixiante de unas historias que se convierten en un auténtico martirio para quien ha asumido la tarea de narrarlas. Éste es Kleist, visto, por así decirlo, a vista de pájaro; éste es el ambiente de sus obras, que refleja su espíritu y su pasión. Gundolf nunca me había parecido tan sólido, tan genial, tan certero y tan conciso como en este libro, dedicado a un escritor complejo, al que ha tratado con una asombrosa naturalidad, huyendo del sentimentalismo, sin ningún tipo de concesiones, con una lucidez ejemplar, de la que podrían aprender muchos críticos que caen de rodillas ante las grandes figuras literarias: acercarse a Kleist no implica dejarse confundir por las emociones y mucho menos sucumbir a su destino. El estudio huye de las paráfrasis y de la fragmentación, un defecto cada vez más habitual: salta a la vista que su autor domina el tema y hace un repaso completo de todos sus aspectos, de arriba abajo, sin soberbia, pero con autoridad. La aparente frialdad con la que emite sus juicios y la compasión con la que toca determinadas cuestiones me parecen cualidades especialmente valiosas para sentar las bases de una ética de la que la historia de la literatura moderna anda escasa, pues, desde Lessing en adelante, ha ido ensombreciéndose poco a poco, y el único modo de recuperarla es reivindicando el trabajo de los grandes especialistas.

En suma, creo que Gundolf ha escrito un libro serio y consistente, claro y mesurado, que resistirá los embates del tiempo. Lo único que echo en falta para redondear un trabajo tan extraordinario es una reflexión igual de profunda y de sensata sobre la conmovedora tragedia de Heinrich von Kleist: un estudio de sus obras que integre además su vida. Han sido las consideraciones académicas las que han

animado al autor a ceñirse a los aspectos puramente literarios, en lugar de explicar la obra de Kleist partiendo de su
vida y de su destino, recreando las escenas más revelado-
ras para aportar así nuevas perspectivas. Al dejar a un lado
todos los elementos biográficos, una decisión consciente y
plenamente respetable, quien quiera sumar al análisis de las
obras la semblanza del hombre y conocer a Kleist en su integridad se ve obligado a recurrir a una biografía del autor
que complete la imagen espiritual con un perfil histórico.
Para mí, y creo que para muchos, habría sido mejor disponer de un estudio que abordase simultáneamente ambos
planos con ese talento crítico que es patrimonio exclusivo
de Gundolf. Me parece que es único a la hora de estudiar
figuras con tanta altura ética, tan artísticas y tan singulares como la de Kleist—y esperemos que pronto también la
de Hölderlin—, atendiendo tanto a su dimensión personal
como a la espiritual, y lo único que lamento es que este libro, por lo demás extraordinario, se centre de forma exclu-
siva en el plano espiritual, intelectual, y no en el personal,
vital, pasando de puntillas sobre su destino, encerrado en
un círculo demoníaco que se resiste a cualquier interpretación y cuyo maleficio merecería la pena conjurar.

LA RESURRECCIÓN DE «WITIKO»

Supone un verdadero escándalo que, durante los últimos cincuenta años, uno de los libros más hermosos de la literatura austríaca en lengua alemana haya permanecido en un rincón sin que nadie se ocupase de él, una injusticia clamorosa que se hace aún más evidente ahora que por fin disponemos de una nueva edición, gracias al espléndido trabajo realizado por Insel, un error imperdonable que no puede despacharse argumentando que la responsabilidad alcanza a demasiadas personas, todas aquellas que deberían haber actuado y no lo hicieron. La culpa de que un libro así haya pasado desapercibido durante medio siglo, un descuido incomprensible, incalificable, recae a partes iguales en los editores, en los profesores de literatura, en los compatriotas de este escritor austríaco y, por extraño que parezca, en el pueblo checo. Los primeros que merecen nuestra censura son los editores alemanes, que en estos cincuenta años se han dedicado a publicar obras triviales, sin el menor interés, promocionándolas a bombo y platillo: franceses y escandinavos se traducían de inmediato, con razón o sin ella, viejos mamotretos volvían a ponerse en circulación en ediciones para bibliófilos, mientras una obra como ésta, perenne, intachable, sin derechos de autor, que podía rescatarse del olvido con una sencilla impresión, seguía ausente de las librerías. Culpables son también los profesores de literatura, que llenaban bibliotecas con gruesos volúmenes rebosantes de erudición y que año tras año acumulaban sesudos estudios en revistas especializadas, sin darse cuenta de que esta obra tardía, firmada por un autor que solemos relacionar con relatos amables, despojados de cualquier dramatismo, es una de las principales aportaciones de las letras alemanas a la novela histórica. La antigua Austria también tiene razones para sentirse en falta por no haber reconocido el verdadero valor de Adalbert Stifter, una acusación que, por extraño que parezca, afecta también a la nación checa, pues esta novela, que ronda las mil páginas, ofrece un fresco único—su literatura, hasta donde yo conozco, no tiene nada parecido—de la historia de Bohemia, a la vez que ensalza sus costumbres ancestrales, así como el vigor y la pureza de sus tradiciones, hasta tal punto que no creo que sea exagerado decir que *Witiko* vendría a ser una especie de *Ilíada* o de *Cantar de los nibelungos* del pueblo checo, con un tono más dulce, menos violento, declaradamente idílico, profundamente conmovedor.

Nosotros, como lectores, tampoco somos del todo inocentes, pues deberíamos saber que la historia de la literatura yerra en sus juicios con demasiada frecuencia; podríamos haber desconfiado del desdén con el que los críticos despachaban esta novela considerándola un relato fallido, tedioso, que no merecía la pena leer. En nuestro descargo habría que alegar el tiempo que había pasado desde su publicación y el hecho de que, hasta ahora, resultaba prácticamente imposible hacerse con un ejemplar de su primera—y única—edición a un precio razonable. Antes de la guerra le pregunté a un librero si podría conseguírmela. Me advirtió que me costaría (¡antes de la guerra!) doscientas coronas (¡cuando no se habían devaluado y conservaban aún todo su valor!), una suma, por la que, en aquel entonces, se podía adquirir una pequeña biblioteca. Así que lo dejé. Hace un año, apareció una fabulosa edición de otra de las novelas de Stifter, *Verano tardío*, también en Insel. Como ocurre con la obra que nos ocupa, me pareció indignante que se le hubiera dado un trato tan injusto, así que decidí hacer un esfuerzo y, una vez más, me puse a buscar *Witiko*, pero fue en vano: no quedaban ejemplares disponibles, había desaparecido definitivamente, estaba muerta y enterrada.

Ahora, esta obra, que en otro tiempo ocupaba tres tomos, ha resucitado en un único volumen de unas mil páginas que he leído con enorme placer, tan enorme como el miedo con el que me acerqué a ella en un primer momento. No comprendo cómo ha sido posible que en estos cincuenta años, en los que han vivido multitud de hombres sensibles y lúcidos, un libro tan valioso haya podido pasar desapercibido. Confieso que al principio no albergaba grandes expectativas, me movía más bien un sentimiento de piedad, lo único de lo que estaba seguro es de que el aburrimiento que pudiera causarme la historia en cuestión se compensaría con el estilo de Stifter, transparente, cristalino, puro y fresco como el agua. Ha sido una experiencia fuera de lo común. Después de leer cincuenta o cien páginas descubrí un mundo totalmente nuevo, un universo inmaculado, con un pasado deslumbrante, preservado como en un sueño, un país, una nación, una época, Bohemia, la meseta central, el norte y el sur, con sus montañas, sus ríos y sus ciudades, sus hombres y sus costumbres. No era ya el pequeño Oberplan, el pueblo natal de Stifter, con sus fascinantes rincones, un lugar del que creíamos conocer cada colina, cada valle, cada bosque, cada abeto; lo que tenía ante mí era un auténtico reino, un reino medieval, germen de la nación eslava, hombres esforzados, valerosos, campesinos admirables, un mundo de luchas, de figuras legendarias, hermoso, próximo por sus paisajes y lejano por su atmósfera mágica. De repente, el pasado cobraba vida, se alzaba ante mis ojos. No conozco ninguna novela que haya sabido transformar la historia en literatura de una manera tan perfecta, tan pulcra. Stifter no es amigo de las introducciones pomposas, evita divagar, en lugar de situar a sus personajes en un escenario artificial que remeda torpemente la Edad Media, prefiere cederles la palabra, dejar que hablen unos con otros, trasladándonos, por ejemplo, a una reunión del consejo de nobles para que podamos asistir a sus deliberaciones, o invitándonos a la corte de los príncipes para conocer de primera mano lo que allí se decide, de este modo, cuadro a cuadro, va tejiendo un tapiz colosal, compendio de toda una época, una superficie inmensa que abarca siglos de turbulenta historia. No sé si la literatura nacional checa cuenta con una descripción del asedio de Praga tan plástica como la de Stifter. Lo mismo se puede decir de las batallas que relata. Tampoco creo que ninguna novela histórica refleje con tanta maestría y con un acento tan entrañable los lazos que existen entre Alemania, Austria y Bohemia, las naciones que constituyen el corazón de Europa. Stifter recrea un mundo y un tiempo únicos, eternos, con un elevado tono literario, y, sin embargo, se atiene fielmente a los documentos históricos, con un realismo que pocas obras artísticas han alcanzado hasta ahora.

Nadie puede negar que la novela la haya escrito Stifter. Su solidez y su optimismo no dejan lugar a dudas. Aquí, como en cualquiera de sus obras, las personas tienen un alma inocente y benévola, y los paisajes son delicados y amables. Nuestro autor, inspector de educación en Linz, solitario y melancólico, deja su despacho y regresa a casa desazonado, pero, una vez allí, se sienta en su escritorio y sueña con un mundo puro, sencillo, en el que impera la bondad, apartado de una realidad desgarrada por la tensión entre el bien y el mal. No es el novelista adecuado para aquellos que buscan emociones fuertes, Stifter evita cualquier tensión, cualquier sacudida, cualquier arrebato sentimental, rechaza los fuegos artificiales de la pasión, por lo que puede parecer aburrido, pero no creo que sea así, se trata más bien de una cuestión de gusto musical: hay personas que saben leer a Stifter y otras que no. Eso sí, quien tiene la capacidad de entregarse en cuerpo y alma al ritmo puro, dulce, melódico de su prosa, que fluye incesantemente, siente que se desliza por el estrecho cauce de sus relatos o por la amplia cuenca de sus novelas con el mismo sosiego que experimentamos al flotar en sueños: el tiempo se detiene y el cansancio desaparece. Recorremos paisajes siempre nuevos, nos acercamos a horizontes nunca vistos, acompañados por una música suave, lenta, delicada. El estilo de Stifter no admite discusión, es una cuestión de sentimiento, de finura, de sensibilidad artística. Quien consiga sumergirse en su obra descubrirá que sus grandes novelas, hasta ahora ignoradas, *Verano tardío* y *Witiko*, aventajan incluso a sus relatos; no es, como se ha dicho sin fundamento alguno durante tanto tiempo, la versión austríaca de Theodor Storm o de Paul Heyse, su prosa sólo puede compararse con la de Goethe en *Los años de aprendizaje de Wilhelm Meister* o en *Las afinidades electivas*, tanto por su maestría en el uso del lenguaje como por su serenidad y su pureza.

Sin embargo, lo más conmovedor es el modo en que plasma el carácter de la antigua Austria tal y como era hace cincuenta años, un estado al que ahora (convertido prácticamente en un tópico) se rinde homenaje igual que le ocurre a nuestro autor. Aquella Austria no conocía aún el nacionalismo, y sus escritores, con independencia de la lengua en que se expresaran, se acercaban a cualquiera de los paisajes del Imperio con el mismo cariño, trataban a todos sus pueblos con el mismo amor. Así, igual que Grillparzer aprovechó una obra como *Libussa* para subrayar los vínculos que unen a checos y austríacos, Stifter, a quien los nacionalistas consideran un «alemán de los Sudetes», ofrece un fresco colosal—lo acabamos de descubrir—de toda Bohemia, en el que los austríacos se hermanan con los checos, convirtiéndose en compañeros de armas. Si repasamos la novela, no encontraremos un solo fragmento en el que se distingan paisajes, hombres, usos y costumbres de uno y otro pueblo; son la misma pluma, el mismo aliento y el mismo amor los que inspiran este magnífico cuadro, reflejo de una patria que entiende cualquier idioma. Sólo el espíritu austríaco, ahora desaparecido, podía obrar este milagro, inimaginable hoy en día: que una nación acepte de manos de otra, que no habla su misma lengua, un poema heroico que ensalza sus raíces, *Witiko*. Me gustaría que el nacionalismo que impera en nuestra época no supusiera un obstáculo para que se produjera otro milagro: que nuestros vecinos mostraran su gratitud y su cariño a Adalbert Stifter, un autor en lengua alemana, que escribió en dicha lengua la *Ilíada* de los checos, razón por la cual merecería un monumento en su capital, Praga.

JEREMIAS GOTTHELF
Y JEAN PAUL

En estos últimos años parecía que los editores alemanes se
habían propuesto inundar el mercado con las obras completas de novelistas extranjeros, publicando de golpe la
narrativa de tres, cuatro y hasta cinco autores distintos al
mismo tiempo. Ahora, después de que Dostoievski, Balzac,
Flaubert, Zola, Maupassant, Gógol, junto con numerosos
escritores de segunda fila, hayan acaparado la atención de
los lectores en librerías y bibliotecas, les llega, por fin, el
turno, tarde y a trasmano, a dos grandes autores de la literatura alemana, Jean Paul y Jeremias Gotthelf. Ambos al-
canzaron la fama y, durante mucho tiempo, fueron enormemente conocidos, y ambos cayeron en el olvido y desa-
parecieron por completo de la escena intelectual, de modo
que había que recurrir a las librerías de viejo para encontrar una edición más o menos aceptable de quienes llegaron a ser los favoritos del público alemán. Ahora, después de tantos experimentos y ensayos, hemos recuperado a estas dos figuras únicas, el párroco de Lützelflüh y
el romántico soñador de Wunsiedel. El primero, Gotthelf,
nos lo ofrece Eugen Rentsch, una editorial de Erlenbach,
que ha recurrido al doctor Rudolf Hunzinger para reunir en veintiséis tomos, de los que hasta ahora han aparecido únicamente once, las obras del suizo en un formato
elegante y con una tipografía muy agradable. El segundo,
Jean Paul, llega a nosotros en cinco gruesos volúmenes, be-
llos y cuidados, publicados por Eduard Berend en la editorial Propyläen. Ambos han tenido que esperar mucho
para reencontrarse con el lector alemán y, como recompen-

sa a su paciencia, han sido vestidos con las mejores galas.

Ahora que los hemos recuperado, deberíamos hacernos dos preguntas: primero, ¿cómo han podido caer en el olvido?, ¿cómo han podido ser ignorados durante tanto tiempo?, y, segundo, ¿qué significan hoy para nosotros?, ¿no serán más que otros diez o veinte tomos bellamente encuadernados con los que aumentar nuestra biblioteca, para que nadie pueda decir que no está completa?, ¿o acaso su lectura puede depararnos aún momentos gratificantes? Ante todo, es preciso ser absolutamente sincero con uno mismo y no ceder a la tentación de celebrar ruidosamente, con falso entusiasmo, la reedición de estos dos clásicos. Urge calibrar de nuevo la importancia de estas figuras teniendo en cuenta los valores de nuestra época, tan alejada de la suya, que han de servirnos como piedra de toque.

A la primera pregunta, la razón por la que cayeron en el olvido y han sido ignorados durante tanto tiempo, se le puede dar una respuesta conjunta: ambos resultan demasiado prolijos, demasiado extensos y demasiado farragosos para el gusto actual. El ritmo de su prosa es el del coche de caballos y la tensión que imprimen a sus relatos es la de una rueca; su estilo no tiene encaje alguno en la época de los ferrocarriles y de los telares mecánicos. El párroco Albert Bitzius (Jeremias Gotthelf era, en realidad, un pseudónimo) y el aplicado escribiente Johann Paul Friedrich Richter (Jean Paul) tenían tiempo: vivían apartados del mundo, en pueblos pequeños, y cada mañana, cuando los gallos cantaban, se sentaban delante de su mesa y llenaban pliegos y pliegos de papel contando historias que sus lectores, gente humilde, que, como ellos, disponía también de mucho tiempo, muchachas sentimentales en el caso de Jean Paul, clérigos y campesinos en el de Jeremias Gotthelf, disfrutaban leyendo cada noche, al amor de la lumbre, lenta y pacientemente, como hacían con los almanaques y devocionarios. Los tiempos cambiaron y la rueda de la vida comenzó a girar con rapidez. La gente necesitaba emociones fuertes, más acción. Para el hombre de mundo, ávido de experiencias, los análisis morales del párroco y los procelosos relatos del soñador se quedaban cortos. Así fue como sus libros, desgastados por el uso que había hecho de ellos su generación, empezaron a acumular polvo poco a poco, pues los jóvenes ni siquiera se molestaban ya en abrirlos.

Pero la rueda de la vida gira hacia delante y hacia atrás, y la excesiva tensión hace que echemos de menos disfrutar de unos momentos de paz. En nuestros días, la que pasaba por ser la novela más aburrida de la literatura alemana—hasta el punto de que Hebbel bromeó prometiendo la «corona del reino de Polonia» a quien consiguiera leerla completa, de principio a fin—, la maravillosa *Verano tardío*, de Stifter, ha vuelto a ponerse de moda, igual que su *Witiko*, a pesar de su falta de acción o puede que precisamente por ella. Este mismo principio explica también la recuperación de Jean Paul y de Jeremias Gotthelf. Ahora que la obra de ambos vuelve a estar disponible, deberíamos responder a la segunda pregunta: ¿qué pueden aportar estos dos autores, tan extraordinarios como singulares, al público de nuestra época?

En este caso (al menos, desde mi punto de vista) la pregunta no admite una respuesta única; aunque ambos autores hayan compartido el mismo destino, el tiempo no ha pasado igual para uno y para otro, por lo que habría que hacer dos valoraciones, en cierto modo, contrapuestas. Admito que, a pesar de la profunda admiración (quizá no siempre sincera) que siento por él, soy incapaz de leer más de tres o cuatro páginas de Jean Paul seguidas, por mucho que disfrute con su riqueza lingüística, verdaderamente única, con sus agudas ocurrencias y con su ingenio desbordante. No conozco a ningún autor alemán cuya lectura canse tanto por sus continuos quiebros y por la excesiva ornamentación con la que adorna sus relatos, rasgos que llegan a ahogar su flor más delicada, el humor. Sus extravagantes caprichos, sus continuas hipérboles, su ardiente fantasía, tan exuberante como excéntrica, que juega continuamente con el lector, alimentando unas expectativas que no terminan de concretarse, impiden que me meta en la obra o, por lo menos, que siga leyendo hasta el final, porque su espíritu rico, exageradamente rico, se convierte en un laberinto en el que cualquiera acaba perdiéndose. Me produce cierto sonrojo atreverme a expresar un juicio sobre la obra de Jean Paul, cuando, en realidad, no he sido capaz de leer completos ni *Titán* ni *Hesperus*. Disfruto mucho con unas cuantas páginas sueltas, porque me transportan, por así decirlo, a un mundo nuevo, su exquisito estilo me cautiva y me abre a la contemplación de una esfera perfecta, dichosa, donde la realidad se transforma y nuestra caótica existencia, sobre la que pesan todo tipo de obligaciones, se convierte en un juego, una experiencia sumamente agradable—es como acariciar a un gato que ronronea—que tiene mucho que ver con la inocencia, con el entusiasmo del romanticismo, y a la que tampoco es ajeno el grotesco humor de cuentos como *El viaje del doctor Katzenberger al balneario*; sin embargo, estos pequeños placeres, por mucho que nos agraden, terminan cansándonos: para entrar a fondo en una gran novela, para leerla de principio a fin, ésta debe despertar algún tipo de inquietud dentro de mí, pero Jean Paul invita más bien a descansar cómodamente en un sillón o a echarse una siesta bajo la sombra de una parra, lo que explica que, aunque he empezado cuatro o cinco veces, jamás he conseguido concluir una de sus grandes novelas; una maraña de las palabras me impide avanzar, así que me doy la vuelta y regreso contento de haber dado un pequeño paseo por este soberbio jardín; no me siento en absoluto decepcionado, pero he de reconocer que su mundo no es nuestro mundo, que sus anhelos tampoco son los nuestros y que su sensibilidad femenina, exaltada, no responde a nuestra enérgica voluntad. Con todo, es bueno que lo hayamos recuperado y debemos estar agradecidos por esta nueva edición que, seguramente, ningún alemán de hoy será capaz de leer de un tirón, aunque le proporcionará muchas satisfacciones para sus ratos libres, que puede aprovechar para viajar al país de los sueños y traerse a casa como recuerdo un hermoso arreglo floral.

El caso de Gotthelf es completamente distinto. Sus obras siguen pareciéndonos originales, conservan todo su vigor, una fuerza gigantesca que se alza ante nosotros con la misma energía que una montaña suiza, cuya cumbre, ahora que ya no está cubierta por la niebla, supera, con mucho, la altura de Gottfried Keller, mucho más ameno, absolutamente encantador, pero menos rotundo. Gotthelf es un genio con una mirada implacable, que penetra en el corazón de las personas, que profundiza en la esencia de las cosas sin caer en el sentimentalismo. Conoce bien la naturaleza del mundo y, por supuesto, la del hombre, su esfera interior, su alma. Sus novelas resultan muy plásticas, porque emplea palabras jugosas, aunque sencillas y espontáneas, que se alimentan del sonido y del carácter popular del alemán de Suiza, una lengua sana, sabrosa, rebosante de sensaciones. Tiene todas las virtudes de un gran narrador épico y, además, el rigor moral de un hombre resuelto, que no cede ante nada, cuyo objetivo no es que sus obras aparezcan en los periódicos, sino mejorar a la juventud, reformar las costumbres en una época de gran confusión moral. Ahora bien, cuando la voluntad de ofrecer una literatura edificante se lleva al extremo, termina comprometiendo el valor artístico de algunas de sus obras. Es lo que ocurre, por ejemplo, con *Uli, el criado*, una de sus novelas más famosas, que, a pesar de su indudable calidad literaria, se parece demasiado a un tratado ético o a un sermón dominical; en cambio, el *Espejo de campesinos*, mucho menos conocido, un relato magnífico, de corte naturalista, sin concesiones de ningún tipo, me parece una de sus mejores creaciones por su pasión y por su aliento épico. Alguien podría decir que a sus novelas les falta amplitud de miras, que están limitadas por las elevadas cumbres suizas, pero sus valles, por estrechos que parezcan, albergan una infinita riqueza, una indescriptible variedad de situaciones y caracteres, una tradición histórica y cultural incomparable que se refleja en innumerables detalles de la vida campesina y burguesa; en este sentido, sus obras se convierten en documentos imprescindibles para cualquier sociedad, para cualquier época. Igual que ocurría con Jean Paul, a Gotthelf no se le puede leer de una sentada: su estilo ampuloso, su tono doctrinal y las disquisiciones políticas hacen que avanzar resulte verdaderamente agotador. Una vez más debo reconocer que tampoco he leído todos sus títulos de principio a fin, pero hay cuatro o cinco novelas que me parecen una delicia, reflejo de una personalidad arrolladora. Pocos maestros de la descripción (salvo Stifter) han recibido un trato tan injusto dentro de las letras alemanas, siempre demasiado orientadas hacia el norte. Creo que la aparición de las obras completas del párroco de Lützelflüh nos permitirá, entre otras cosas, apreciar la frescura del alemán de Suiza, sabrosamente especiado, y descubrir la grandeza de este gran narrador que ha permanecido ignorado durante tanto tiempo.

REGRESAR A LOS CUENTOS

Si por algo se ha caracterizado este verano [1912] ha sido por su tiempo cambiante. Unos amigos me invitaron a pasar unos días con ellos, en el campo. Una mañana me dejé engañar por el cielo soleado y decidí salir a dar un largo paseo para disfrutar de la naturaleza. Avanzaba por los campos floridos, cuando, de repente, a mi espalda, apareció una nube sombría y amenazadora. Los sembrados, que un momento antes mostraban un precioso color dorado, se apagaron. La oscuridad me envolvió y, antes de que pudiera buscar refugio, la lluvia descargó sobre mí, golpeándome con furia. Sobre una colina cercana se adivinaba una casa. Subí corriendo y pedí que me permitieran resguardarme de la lluvia hasta que la tormenta hubiera pasado. Para que no tuviera que esperar de pie en el zaguán, la mujer que me había abierto la puerta, y que parecía estar muy ocupada, me invitó a pasar a una habitación que debía de ser muy luminosa, aunque ahora, con la lluvia, parecía más bien lóbrega, y volvió a su tarea. Me quedé solo en aquella silenciosa estancia, observé el mobiliario y la decoración, y me puse a pensar cómo serían las personas que la ocupaban normalmente. Me resultó fácil deducir que aquél era el cuarto de los niños. Tirado en el suelo, sobre la alfombra, encontré un polichinela roto, que me miraba fijamente con un ojo de cristal torcido. Las paredes estaban cubiertas de mapas, donde el color azul se mezclaba con una amplia gama de verdes y ocres. Sobre la mesa, junto a una cartilla hecha trizas, habían dejado abierto un libro infantil pintado con colores. Eché mano de él, casi sin darme cuenta, por esa curiosidad natural que siento por cualquier texto, un acto reflejo tan natural como respirar. Era una novelita, ya antigua, desgastada por el uso y por el paso de años. Los niños habían pintado sus grabados con colores chillones. Me picó la curiosidad y me fijé en el título: *Los viajes de Gulliver*. Recordé que yo también lo había leído de niño. Desde entonces no había vuelto a caer en mis manos. Contemplé los grabados. En uno de ellos, Gulliver, un gigante, estaba de pie con las piernas abiertas, y el ejército de Liliput, con sus cañones y sus banderas al viento, pasaba desfilando por debajo de él. Luego me llamó la atención otro, donde se le veía minúsculo como un ratoncito, entre unas espigas gigantescas, en el momento en que acababa de ser descubierto por los descomunales segadores de Brobdingnag, que se sorprendían de su tamaño. De pronto volví a experimentar una especie de curiosidad infantil, que, al parecer, había quedado dormida en mi interior. Abrí la novela por la primera página y comencé a leer, sin reparar en que me encontraba en una casa ajena y que tenía entre mis manos un libro ajeno.

En ésas estaba cuando la puerta se abrió y entró la mujer de antes acompañada ahora por los niños, que llegaron riéndose. Como no los esperaba, me sobresalté y me sentí un poco avergonzado de que un adulto me hubiera descubierto leyendo un libro infantil, de hecho, la situación se volvió más embarazosa aún, cuando comprobé con asombro que hacía rato que el sol brillaba de nuevo a través de la ventana y que me había quedado leyendo *Los viajes de Gulliver* fascinado por la descripción de un temporal. Di las gracias por la hospitalidad y abandoné la casa reprendiéndome a mí mismo, como si fuera un niño, por haberme dejado sorprender disfrutando de un placer tan inocente. Entonces lo pensé mejor y comprendí que todo lo que sucede, hasta lo más anecdótico, tiene una razón de ser y también un propósito. Tenía que saber si lo ocurrido había sido una mera casualidad o si el hechizo que me había embargado al leer aquellas páginas era una especie de señal del destino. Al día siguiente pedí que me trajeran un *Robinson Crusoe* de un pueblecito cercano a la finca de mis amigos (cualquier librería de cualquier ciudad, hasta en el confín más remoto del mundo, tiene esta clase de libros). De nuevo me sentí atrapado por las aventuras que vive el protagonista. Navegué con él en medio de la tormenta, naufragué en la isla, me estremecí al descubrir las huellas de unos pies desnudos sobre la arena de la playa, encontramos a Viernes, nuestro compañero de piel tostada, y por fin, al cabo de veinte años, que para mí pasaron en una hora escasa, apareció un blanco velero y pudimos regresar al hogar. Volví a sentir el mismo placer que había experimentado la víspera, una especie de rapto estético, una fascinación que me subyugaba sin ejercer violencia alguna, arrebatando mis sentidos, pero dejando libre mi alma. Las novelas de nuestra época me parecían plomizas y agobiantes en comparación con estas historias agradables y estimulantes que no exigían mayor esfuerzo. Pensé en los libros que había leído siendo niño y en cuánto había disfrutado con ellos. Me había portado como un ingrato desprendiéndome de ellos con la mayor indiferencia. Parecía como si aquel niño, que era yo, fuera extraño, ajeno a mí, como si al crecer me hubiera transformado en otra persona. Poco a poco hice memoria, fui alejándome de los días de verano y regresé, paso a paso, a mis primeros libros, historias fantásticas, relatos llenos de ritmo y de pasión, en los que los pieles rojas atravesaban veloces las praderas, me remonté aún más en el tiempo y encontré esas historias sencillas, de ambiente legendario, que uno deletrea más que lee, y por fin, en el último rincón de mi conciencia, en la época más remota—también la más hermosa—de mi vida, evoqué mi primer contacto con la literatura, cuando aún no sabía leer y me contaban cuentos. Por primera vez fui consciente de que estos relatos, por primitivos que nos parezcan, atesoran una sublime fuerza poética, y contemplé fascinado su sencilla belleza y su arrebatador encanto.

Ahora sé que los cuentos se leen de dos formas distintas, en dos momentos de nuestra vida. Primero, cuando somos niños, realizamos una lectura sencilla, ingenua, creyendo que ese mundo apasionante y lleno de color es verdadero; mucho más tarde, cuando somos adultos, nos acercamos a ellos conscientes de que son ficciones, dejándonos engañar de buena gana. Entre estas dos formas de disfrutar del cuento, la de la ingenuidad y la de la madurez, media el soberbio orgullo de quien se siente adulto, cuando, en realidad, sigue en la edad del pavo, y, demasiado arrogante para entregarse a un engaño, por hermoso que sea, quiere la verdad desnuda y prefiere una historia anodina a otra incitante pero llena de fantasía. Es esta arrogancia la que nos lleva a desdeñar los cuentos, a relegarlos a un rincón de nuestro cuarto infantil, donde no volvemos a acordarnos de ellos. A muchos les sucede lo mismo con la Biblia. La dejan de lado cuando comienzan a dudar de Dios, y como ya no les parece un libro sagrado, pierde incluso su condición de libro. Jamás vuelven a abrirla, prefieren leer cualquier otra cosa, olvidando que, además de tener un carácter religioso, es un texto sumamente bello y que, si lo consideramos sagrado, no es únicamente por la fe que inspira, sino por ser una de las obras de arte más nobles del mundo. En cierta ocasión, preguntaron a Tolstói cuál sería, en su opinión, el relato más hermoso de la historia de la literatura; respondió que la historia de José y sus hermanos. A cualquiera que no haya vuelto a leer la Biblia desde su niñez, le asombrará lo que puede disfrutar con el libro de Esther, de Job o de Ruth, que pueden interpretarse como leyendas o, si se prefiere, como cuentos que encierran profundas verdades acerca de la vida y las expresan con una belleza incomparable. Regresar a los libros de la infancia nos proporciona un placer especial, nos permite renovar nuestras primeras lecturas, darles un sentido más elevado y, queramos o no, a pesar de nuestro descreimiento, redescubrir poco a poco el valor de la fe. Parece que el signo de los tiempos exige obras oscuras, tal vez por eso he recuperado el gusto por este tipo de relatos, que me reconfortan y me ofrecen un descanso que cada vez me parece más necesario y que, en el fondo, es una de las dichas de la lectura. Descanso de uno mismo, pues ¿qué nos impulsa a tomar un libro más que el deseo de apartarnos de nuestra persona? Está claro que no es el gusto por aprender, hace mucho que la escuela nos quitó las ganas de estudiar. Lo que nos mueve es el deseo de salir de las fronteras de nuestro propio mundo para perdernos en otro que nos es ajeno pero en el que, sin embargo, acabamos por encontrarnos a nosotros mismos de manera metafórica. Los cuentos, en cambio, no guardan relación alguna con nuestra vida, son externos, extraños y ajenos a nosotros, nos permiten salir de nuestro propio ser sin que su reflejo se proyecte en ninguna parte. No se nutren de nuestra existencia: eso los hace tan lejanos. No se apoyan en nuestros sentimientos, más que de un modo tangencial: eso los hace tan ligeros. Captan nuestra mirada interior, pero dejan libre el corazón; tienen algo fascinante, pero no embotan nuestros sentidos; son una llama de luz y de calor, pero no desprenden humo. Esconden en su interior una fuerza prodigiosa, la de la vida cotidiana, una existencia sencilla, que escapa a cualquier norma, en la que cualquier cosa es posible, pues el orden establecido cede ante la casualidad.

Que lo absurdo se presente como razonable es parte de su magia. También el uso suntuario de la lengua sin otra finalidad que la belleza, un rasgo que constituye la esencia de la literatura como ámbito de lo sublime, de lo sutil, de lo etéreo, de lo intangible, que se eleva por encima de la turbia realidad terrenal.

Llama la atención el tiempo que ha tardado la cultura alemana en recuperar este precioso patrimonio, tanto como el que nos ha llevado a cada uno de nosotros regresar a nuestra infancia para tomar posesión de él. Hemos puesto todo nuestro empeño en reunir cuadros, libros, monedas, abanicos, cajas para guardar tabaco y manuscritos, y no nos hemos ocupado de poner por escrito esos cuentos que se transmitían de boca en boca. Desde los comienzos de la literatura alemana hasta el día de hoy, cuando por fin hemos tomado conciencia de su valor y vemos en ellos un auténtico tesoro de exquisitas obras de arte, hemos atravesado tiempos muy difíciles, nuestra propia edad del pavo, en la que hemos despreciado con arrogancia cualquier tipo de literatura popular, como haría un jovenzuelo con una muchacha bonita, con las mejillas sonrosadas pero demasiado ancha de caderas. Los cuentos se veían como peroratas de viejas. Los eruditos, en particular los hermanos Grimm, llevaron a cabo una primera recopilación, que ahora se completa con una nueva antología, *Cuentos alemanes desde los hermanos Grimm*, un libro precioso que debemos al empeño y a la valentía de Eugen Diederichs (un editor con el que no hay que escatimar elogios), que ha conseguido reunir todos esos cuentos que ya habían pasado a formar parte del pasado.

¡Qué maravilla de libro! ¡Qué claro y qué liviano a pesar de la heterogeneidad de su contenido! Nunca imaginé las satisfacciones que me podría procurar leer estos cuentos ahora que soy adulto, cuando puedo volver a ellos por la noche sin el miedo del niño a los duendes que se ocultan debajo de su cama, a los gigantes que acechan en la oscuridad o a los caníbales que le persiguen en sueños. Se han convertido en una lectura cotidiana, no son la única, como es natural, y tampoco a la que más tiempo dedico, porque me apetece prolongar todo lo posible este placer, que tal vez no sea tan intenso como en otro tiempo, pues he superado el miedo, no hay nada que me espante, que me horrorice, pero sigue ejerciendo sobre mí la misma fascinación por su sencillez y por la fuerza con que la fantasía remonta el vuelo. A pesar de su infinita simplicidad, sobre todo si los comparamos con la literatura al uso, están llenos de secretos, no se atienen a ninguna regla y, sin embargo, obedecen a una ley superior. La narratología tiene una difícil tarea por delante: interpretar adecuadamente su contenido, aclarar su relación con el folclore y con las tradiciones populares, explicar la influencia que han ejercido sobre ellos las religiones antiguas, detectar la presencia de símbolos míticos y eróticos, porque todos estos cuentos, por inocentes que nos parezcan, hunden sus raíces, conviene no olvidarlo, en épocas muy remotas, en un mundo primitivo, envuelto en el misterio, donde el sentimiento que domina es el piadoso asombro del hombre. Estas pequeñas historias no tienen nada de improvisado, han ido pasando de generación en generación a lo largo de los siglos, existían antes que el árbol más antiguo del más antiguo de los bosques. Puede que los investigadores los hayan recogido de la boca marchita de una anciana, pero ella los recibió de sus padres y éstos, a su vez, de los suyos, hasta los tiempos más remotos, cuando Odín y Tor recorrían aún los bosques alemanes. La tradición oral forma una cadena invisible que une unas épocas con otras trenzando un hilo infinito hecho de palabras, un narrador las hilvana y quienes le escuchan transmiten lo que han oído, unos lo enriquecen con nuevos detalles y a otros se les escapan incluso los más esenciales, pero unos y otros son dueños de una herencia tan real como la propia tierra, como los campos que cultivan, que les dan de comer, son administradores del patrimonio espiritual de un pueblo, un legado tan sagrado como el signo de la cruz, tan ancestral como las supersticiones, tan vivo como la lengua que lo nutre, tan propio como las palabras que nos permiten expresarnos. Han recorrido mil caminos, han resonado en las plazas y en las casas de mil ciudades, tienen su origen en nuestra historia más antigua, por recientes que parezcan, pues florecen una y otra vez. Por eso, no es de extrañar que conserven su asombroso vigor y que sigan sirviendo de inspiración hasta en el último rincón del mundo. El cuento que escucha un niño de labios de su madre en un pueblo perdido de Alemania es el mismo que murmura al otro lado del globo, en la Tierra del Fuego, un anciano con el rostro pintado, dirigiéndose a los guerreros que vuelven al hogar; el mismo que canta un cuentacuentos ciego en la plaza de una ciudad de Arabia, a las puertas de la alcazaba; el mismo que conocen en la India y en China. Cada uno de estos pueblos tiene sus propios dioses; las lenguas no tienen nada que ver una con otra, ni siquiera proceden de un tronco común; el cielo bajo el que viven, la tierra que pisan, la forma y el color de su cuerpo no pueden ser más distintos, pero el cuento que les infunde aliento es el mismo en todas partes. Los caballos mágicos que salen huyendo, las flechas que pasan silbando y se pierden a lo lejos no resultarían tan difíciles de seguir como estos cuentos, que han anidado en la fantasía de todos los pueblos y cuya pista es prácticamente imposible de rastrear. Incluso dentro de ellos nos aguardan nuevos misterios, pues ¿quién ha conseguido explicar por qué determinados números, como el tres o el siete, reaparecen en las tramas continuamente? El cuento conserva los últimos símbolos místicos de la humanidad, su sencillez nos permite percibirlos con más claridad que en los relatos actuales, reflejo del confuso panorama intelectual del mundo de hoy.

Por esta razón, el cuento hay que disfrutarlo, renunciando de antemano a cualquier explicación. Jamás podremos determinar quiénes fueron sus autores, pues estos juegos inocentes, aunque escondan un significado profundo, se remontan a los piadosos tiempos en que los poetas eran todos o no era nadie. Vieron la luz casi por casualidad, no obedecen un propósito superior, más allá de lo inmediato, se inventaron para consolar a un niño o a un pobre, para aplacar a quienes se quejaban, para hacer que el camino pareciera más corto o para sobrellevar mejor las largas noches de invierno. No son hijos de la razón, sino del sueño; no tienen un propósito definido, sino ambiguo, pues surgen de las divagaciones de un espíritu ocioso. Por extraño que suene, creo que estos cuentos, sencillos, sabios y queridos, nacieron como respuesta a las malas condiciones de la vida. No los creó alguien animoso, fuerte, activo—alguien así está satisfecho con el mundo en el que vive y no tiene necesidad de inventarse otra realidad—, sino el soñador, el que prefiere quedarse sentado junto al fuego, el astuto, el mentiroso y el fanfarrón, alguien que no se siente libre, alguien que no puede enfrentarse al destino con sus propias fuerzas. Eso creo yo, pues los cuentos están pensados para el inútil, el desocupado, el iluso y el haragán. En la vida, en la real, es el fuerte quien alcanza sus objetivos, es el listo quien triunfa sobre sus adversarios, el hábil quien supera cualquier dificultad. ¿Qué podían hacer quienes iban quedándose atrás, por ineptitud o por debilidad, más que imaginar otro mundo, un mundo al revés, en el que el cumplidor llega demasiado tarde, el tonto se hace rico y el ingenioso es engañado? En el fondo, los cuentos son una compensación por los sinsabores de la vida, una manera de soñar, un consuelo soberbio (por eso gustan tanto a los niños), aunque se vistan con los ropajes de la moral, no son relatos aleccionadores. El gandul se pasa todo el día metido en la cama; para darle una lección, sus compañeros, maliciosos, le colocan una olla llena de salamandras negras debajo del lecho, pero, cuando mete la mano dentro, se produce un milagro, la olla está llena de oro y el vago se hace rico. El tonto vende su casa y sus bienes a cambio de una vara de avellano, pero resulta que ésta tiene el poder de abrir cualquier puerta y ni siquiera el rey puede proteger la cámara del tesoro. El soldado cobarde sale corriendo en medio de la batalla y busca refugio en una cueva cuyas galerías conducen a las entrañas de la tierra, donde encuentra cámaras llenas de oro y de piedras preciosas, va pasando de una a otra hasta que, en la última, encuentra a la hija del rey, una joven de una belleza prodigiosa que le ha estado esperando allí, celebran sus bodas y viven felices para siempre.

El apuesto príncipe o la hermosa princesa de cabellos rubios, con su corona de oro, esperan al final de todo cuento para liberar al pobre pastor o a la sencilla sirvienta. La historia acaba casi siempre con un banquete nupcial como celebración del amor, pues los cuentos, sueños salidos de la noche, deseos que quedan insatisfechos al final del día, tienen su asiento, como enseña Freud, el sabio de la barba gris, en lo más profundo de nuestra psique. Nostalgia de los que aspiran a vivir intensamente, consuelo de los insatisfechos, opio de los pobres y la única forma de felicidad reservada a los niños, que arden en deseos que no pueden cumplir: ésa es la sustancia de la que están hechos los cuentos. El ser del mundo de los cuentos es el resultado de una mágica transformación del no ser. En él, esto hay que reconocerlo, no hay nada sólido, no hay nada verdadero; de hecho, los distintos ámbitos de la vida se mezclan y se confunden entre sí con una fuerza irrefrenable, las formas se difuminan, el hombre y la naturaleza, lo espiritual y lo animal renuncian a los atributos que les son propios, dando pie a toda clase de engaños. Ningún sustrato, ningún estado, ninguna especie está a salvo, nada ni nadie puede preservar su identidad, el cuento toma prestado lo que unos y otros creían propio, los animales tiene voz, como las personas, y éstas, a su vez, vuelan como los pájaros; la liebre se convierte en ratón, y el ratón en gorrión; nadie puede enseñorearse de su naturaleza, es algo prestado que hay que devolver y que puede intercambiarse libremente. Del cielo nieva pan de azúcar, en el molino no se produce harina, sino ducados de oro, la rueca habla y los pasteles de una cesta se ríen y saludan felices a los niños. En los cuentos, cualquiera puede asumir la naturaleza de otro, todo es común a todos, y nuestro mundo, que tanto trabajo nos cuesta compartimentar para extraer de él ideas claras y distintas, escapa a cualquier categorización y entra en un vertiginoso torbellino de transformaciones, «el mundo se convierte en sueño, el sueño se convierte en mundo», como advertía Novalis en *Enrique de Ofterdingen*, resumiendo en una sola frase el carácter visionario de este tipo de historias que nos sobrecogen por su fuerza. Nada es verdad, nada es real, y, sin embargo, nos creemos de buena gana estas mentiras, que, teniendo las patas tan cortas, perviven a lo largo de los siglos. He aquí su misterio, su ambigüedad; una mentira que no va a ninguna parte y, aun así, tiene un recorrido infinito, pues el cuento, que se hunde en el mundo de la fantasía cuando llegamos a su última página y regresamos a la realidad, será el que vuelva a cautivarnos a nosotros o a otros al día siguiente y así sucesivamente, tal vez durante toda la eternidad.

Ahora bien, ¿es verdad que los cuentos son eternos? «Eterno» es una palabra que pronunciamos con la mayor naturalidad, pero, cuando uno la tiene que escribir, sus seis letras inspiran respeto. Es una palabra demasiado pesada para aplicarla a los cuentos, tejidos con sueños, ligeros como las alas de una mariposa. Aunque el placer de la mentira, la magia del sueño y la insaciable curiosidad por lo que va a suceder puedan serlo, parece que el cuento va marchitándose poco a poco, sobre todo para el hombre de la ciudad. En rigor, lo que se descompone no es el cuento, sino su mundo. El cuento ha crecido en el bosque y es hermano de la naturaleza, de la que nos hemos ido alejando paulatinamente y que nos resulta cada vez más ajena. ¡Cuántos niños de hoy no han andado jamás solos por un bosque tenebroso, cuántos no se han encontrado nunca con un fuego fatuo ni han creído ver sus ojos con un escalofrío, y cuántos no han contemplado en toda su vida la niebla deslizándose por la fantasmagórica falda de una montaña! Hace tiempo que hemos domesticado esta clase de temores. El lobo y el oso, que encarnaban la maldad, se han convertido en animales huidizos a los que siempre hemos visto presos, detrás de las rejas de sus jaulas; el huso y la rueca, la ballesta y las saetas no son más que palabras vacías que nos cuesta relacionar con objetos reales; y los príncipes y las princesas ya ni siquiera llevan corona. El cuento ha ido alejándose de nuestra realidad, sus horrores han dejado de serlo, los prodigios de los que nos hablaba—volar por el aire, conseguir que nuestra voz llegue al otro lado del océano—se han convertido, desde hace mucho, en parte de nuestra vida cotidiana gracias al avance de la técnica. Nuestra época parece decidida a desmitificar el mundo, convirtiendo cualquier sueño en una realidad trivial. En medio de tantos adelantos, deberíamos ser capaces de reinventar el cuento, pues entre él y nosotros se interpone una ruidosa ciudad y un ferrocarril que atraviesa los bosques a toda velocidad, silenciando con su estruendo la voz de los elfos y las amables conversaciones de los animales. No deja de ser extraño que ellos, a los que siempre hemos identificado con la naturaleza, con la esencia de lo primitivo, nos parezcan tan artificiales, tan curiosos, cuando leemos sus historias encerrados en nuestro cuarto, en medio de la gran ciudad. Necesitamos volver a la naturaleza, volver a mirar al bosque, por encima de las montañas, para recuperar esos cuentos puros y verdaderos, pues allí donde está la naturaleza, está también lo maravilloso y lo incomprensible, el único ámbito en el que todavía podemos dejarnos llevar por nuestros sueños más atrevidos.

DIARIO DE UNA ADOLESCENTE

Internationaler Psychoanalytischer, una editorial fundada por un grupo de discípulos del profesor Freud, se ha propuesto publicar una colección de libros titulada «Fuentes para el estudio del alma y su desarrollo», que se inicia con un texto de lo más curioso: el diario original e íntegro de una adolescente entre los once y los catorce años. Lo que más llama la atención, y también lo más importante desde un punto de vista psicológico y pedagógico, es que este diario no pertenece a un niño prodigio, no son las confesiones de una futura Maria Bashkirseff, sino las de una niña vienesa absolutamente normal, hija de una buena familia, que no parece especialmente inteligente, ni especialmente sensible, y que tampoco tiene demasiada experiencia en la vida. Es uno de esos diarios que prácticamente todas las muchachas han llevado en algún momento, en sus años de escuela, y que suelen provocar las risas y las burlas de la gente. El hecho de que se trate de un fenómeno generalizado acredita su importancia. Parece que, llegados a cierta edad, cuando empiezan a desarrollarse, los niños y, especialmente, las niñas experimentan la necesidad de rendir cuentas ante sí mismos poniendo por escrito sus pensamientos y sus emociones para luego, al cumplir los diecisiete o los dieciocho años, distanciarse de estas anotaciones, que consideran un juego pueril, ante las que sonríen con cierto sentimiento de superioridad. En esos años, cuando el ser humano deja atrás la infancia y desarrolla su personalidad, reconoce de algún modo, acaso de manera inconsciente, la importancia y la complejidad de la vida en general y de la suya en particular. Sin que nadie se lo haya enseñado, el niño comprende lo que más tarde sólo vislumbra el psicólogo, lo que Freud, como pionero, ha estudiado magistralmente, por eso, la adolescencia es un período crítico, en el que se decide qué dirección tomará la vida del individuo y cómo reaccionará ante determinadas circunstancias. Más tarde, el ser humano empieza a automatizar ciertas rutinas, a organizar su vida desde una perspectiva funcional—la mayoría de los adultos presumen de ello, cuando, en realidad, sin sospecharlo, están admitiendo la pobreza de su vida interior—, entonces la tensión que caracteriza la adolescencia desaparece y la percepción que cada cual tiene de sí mismo se fija de manera más o menos definitiva: sólo unos cuantos escogidos conservan como un don sublime, maravilloso, la capacidad de ver en la vida una fuerza fabulosa, enigmática, irreductible, llena de sorpresas y abierta siempre a nuevos descubrimientos, concibiéndose a sí mismos como el sujeto de una aventura sin fin. Por eso es tan excepcional que un adulto lleve un diario y, cuando esto ocurre, se trata casi siempre de personas que intervienen de algún modo en el curso del mundo y de la historia, diplomáticos o altos mandos militares; el adolescente, en cambio, no necesita que se produzcan acontecimientos especiales para dar importancia a su vida, cualquier incidente, por banal que sea, hace que su tensión interior alcance un nivel increíble. Los adolescentes, por lo tanto, analizan con más profundidad—¡y también con más acierto!—cada una de sus vivencias; el sentimiento convierte lo más trivial en una experiencia única, cualquier encuentro, hasta el más casual, genera enormes expectativas. Es en la adolescencia, en los años que median entre la inocencia infantil y la conciencia adulta, cuando se vive más intensamente, una cualidad que los poetas conservan y que les permite contemplar el

mundo como un misterio insondable, con una mirada pura
y apasionada.

Por eso, quien contempla su vida como algo insignificante, también verá este diario como algo insignificante, pues
no destaca ni por la belleza de su estilo, ni por la profundidad de sus pensamientos, es simplemente un diario cualquiera de una adolescente cualquiera. Ahora bien, es esa
cháchara propia de una jovencita y, sobre todo, su insólita
franqueza (una cualidad de la que el poeta carece), arropa-
da por la seguridad de que ningún extraño leerá jamás esas
páginas y, por supuesto, de que en ningún caso verán la luz
en forma de libro, lo que hace su lectura tan estimulante
para todos aquellos que encuentran un placer especial tratando de comprender el alma del ser humano desde sí misma. El texto está repleto de comentarios insustanciales sobre pastelerías, excursiones, compañeras, celos, anécdotas
escolares y escenas de la vida familiar, pero, precisamente por ello, pone de manifiesto lo que se considera esencial
y cuál es su importancia para la vida del alma. El poeta, el
escritor, que solía ser la fuente a través de la cual nos acer-
cábamos a la infancia, la propia o la ajena, por medio de la
autobiografía o de la novela, reelabora todo este material
íntimo aplicando las reglas del arte y buscando un equilibrio entre lo inconsciente y lo consciente. Trabaja, por así
decirlo, con abreviaturas, abreviaturas que simplifican las
tensiones del alma infantil, registrando únicamente lo que
se ha preservado en el recuerdo después de tantos años, lo
que la razón considera esencial, pero no lo banal, el sustrato de la vida, donde se fragua nuestro carácter. Marca los
hitos en lugar de trazar el camino de principio a fin, realiza
una selección, subraya exclusivamente lo que el niño sabe,
su conciencia temprana, mientras que las anotaciones del
diario registran hasta el último detalle, incluso los que nos

parecen ingenuos o estúpidos y que, con el paso del tiempo, habrían quedado enterrados en el inconsciente.

El centro de estos años, lo esencial de este libro, lo constituye el deseo de dejar de ser niño, gozar de pleno reconocimiento por parte de los adultos, descubrir todos los secretos que le ocultan celosamente. La muchacha de once años se muestra ofendida e indignada cada vez que su padre, su madre o su hermana la llaman «pequeña» o «niña». Está impaciente por acceder a este otro mundo, le gustaría echar abajo las puertas cerradas detrás de las cuales escucha, de vez en cuando, palabras que no termina de comprender, pues intuye que hablan de la verdadera vida, de la «auténtica» existencia. Cada una de las palabras que capta escuchando detrás de las puertas se convierte en un acontecimiento, en una especie de revelación que le acerca un poco más al gran secreto, pues la niña sospecha que esas palabras sueltas son una especie de arcano y que, si pudiera ordenarlas, si pudiera penetrar en su sentido, podría leer de corrido el mágico libro de la vida. Igual que el niño corre por el prado persiguiendo a las mariposas, ella y sus amigas corren en pos de estas aladas palabras llenas de emoción. Alguien ha dicho «relación» y se ha reído, ¿por qué? Su prima es «clorótica» y uno de sus tíos «no es normal». Pone todo su empeño en descubrir el sentido oculto que, de momento, se le escapa. El diario describe los sinuosos caminos que recorre en esta búsqueda: las pesquisas con sus amigas, las preguntas a los sirvientes, algunas discretas consultas en el diccionario, hasta que, poco a poco, después de dar muchas vueltas, de seguir infinidad de pistas que no le conducen a nada—y que el adulto, especialmente el que ha olvidado su propia juventud, puede contemplar con una sonrisa compasiva—, da con la respuesta que andaba buscando. Aquí, como ocurre seguramente con el diario de cualquier adolescente y como es natural, el tema que despierta más interés es la sexualidad.

La sexualidad, no el erotismo. Se trata de una curiosidad más bien intelectual, el cerebro se enfrenta a un cuerpo en desarrollo, es una inquietud que se satisface por medio del entendimiento y que no busca aún sensaciones físicas. En cualquier caso, el conocimiento no apacigua el ánimo, al contrario: las primeras experiencias, las revelaciones casuales producen un enorme desconcierto en el alma de la tímida adolescente. Asco y repulsión, temor y recelo son las emociones que suscitan en ella los cambios físicos que experimenta a medida que madura. En lugar de acercarse al ardiente secreto, la intimidad entre hombre y mujer y, sobre todo, la forma en que se concreta le inspiran miedo. A pesar de su desasosiego, a pesar de su insaciable curiosidad, el alma de esta niña, que no puede vencer su nerviosismo, está libre de corrupción. Es obvio que se trata de una inquietud pre-erótica (aunque los profesores y educadores crean lo contrario, debe de ser la norma general en la mayoría de los niños), lo que verdaderamente le tienta es la curiosidad por la vida, el interés por la naturaleza de la realidad, el ansia de conocimiento, el deseo de completar la imagen del mundo, el mismo sentimiento que, desde sus inicios, ha animado a la humanidad a explorar la tierra, a adentrarse en continentes desconocidos, a registrar en mapas los ríos, las montañas, los lagos y los bosques, a levantar los ojos hacia el cielo y escrutar el infinito con telescopios en un intento de comprender el universo. El despertar de la curiosidad se mezcla con el gusto por la moda, con la desilusión por una salida escolar que no resulta como se esperaba o con los desencuentros con la institutriz, una mujer que se convierte en un auténtico martirio para ella. Todas estas circunstancias iluminan el tránsito de la infancia a la edad adulta, un momento mágico en el que tomamos conciencia del mundo, en el que cada hombre se une místicamente con el conjunto de la humanidad, pero que pasa demasiado pronto, y cuando su llama se extingue, nos devuelve a la vida de costumbre. Es lo que le habría ocurrido a esta muchacha, que ahora tendría veintidós años, si la muerte no se la hubiera llevado. Para salvaguardar su anonimato, los editores han mantenido en secreto su nombre y han eliminado del texto cualquier referencia que pudiera llevarnos hasta ella. Su historia no deja de ser la de miles de adolescentes y, precisamente por ello, los padres y los educadores prudentes deberían conocerla, no para intervenir en el desarrollo de los muchachos ni para «desmitificar» (un concepto que hoy se aplica prácticamente a todo) la adolescencia, no podemos ni debemos evitar que los niños que tenemos a nuestro cargo experimenten esta inquietud y sufran buscando respuestas, como le ocurre a esta adolescente anónima, cuyo destino resulta conmovedor. Nadie puede negar que esta inquietud y esta ardiente curiosidad tienen un valor infinito y desempeñan un papel de primer orden en el desarrollo del niño, ofreciéndole además la posibilidad de preservar en la edad adulta ese sentimiento místico al que nos referíamos antes. De hecho, todo parece indicar que los hombres que han experimentado con más fuerza esta inseguridad, esta tensión sexual, disfrutan en su vida de un erotismo más puro, que combina la excitación de lo pasional con el piadoso temor que nos inspira el cosmos. Cuando no sabemos si nuestra intervención va a ser positiva o negativa, lo más sensato es mantenerse al margen: querer tutelar el destino, que juega con nosotros a su antojo, está fuera de nuestras posibilidades. No obstante, como siempre es bueno comprender lo humano, este libro será de gran ayuda para todos aquellos que quieran acercarse al alma del niño, pues une el rigor científico con la frescura de la vida real, que se nos muestra directamente, no a través de una reelaboración artística, gracias a esa fuerza creativa y mística que es patrimonio de la juventud y que supera cualquier descripción literaria por hermosa que sea.

VERSOS DE UN POETA
EN BUSCA DE DIOS

Al cabo de más de dos siglos, el que seguramente sea el libro más curioso de la poesía alemana, *El peregrino querúbico*, de Angelus Silesius, cuenta con un hermano: el *Libro de horas*, de Rainer Maria Rilke.[1] Como aquél, se trata de un poemario que no acaba de encajar del todo en nuestra lírica. Parece proceder de algún lugar remoto, ajeno a nuestra lengua y a nuestra forma de expresión, absorto en sí mismo, un sueño de colores. Cualquiera de sus versos, por efímero que sea su punto de partida, tiende hacia la eternidad, crece como el árbol que hunde sus raíces en lo hondo de la tierra para elevarse hacia el cielo, para elevarse hacia Dios. Los doscientos poemas que incluye el libro se dirigen a Dios con un acento humilde, bronco, suplicante, altivo, quejumbroso. Toda la riqueza de la obra de Rilke, tal y como la conocíamos hasta este momento, se concentra ahora en la palabra *Dios*. La melodía, el color y el brillo que la acompañan le confieren un carácter nuevo, grandioso.

Cuando se trata de un artista tan sublime como Rilke, uno se siente inclinado a pensar que la nostalgia de Dios que manifiestan sus poemas no es sincera. Solemos relacionar la piedad con lo primitivo. En realidad, la explicación es mucho más compleja y más rica: la religiosidad de Rilke no es piedad, sino fe, celebración del gozo de la vida que alcanza su plenitud en la palabra. El más sensible de los poetas alemanes, tierno como una hoja que absorbe la hu-

---

[1] Rainer Maria Rilke, *Das Stundenbuch (Vom mönchischen Leben, von der Pilgeschaft, von der Armut und dem Tode)*, Leipzig, Insel, 1906.

medad del aire, que recibe los rayos de sol y que aplaca su fiebre dejándose mecer por el viento, el poeta que es capaz de llegar al fondo de la emoción más sutil, expresa el sentimiento de diferentes maneras: tono, color, aroma, signos, movimiento. La vida constituye un misterio inefable en el que se entremezclan todo tipo de impresiones, susceptibles de convertirse en símbolos que se potencian unos a otros. La inmensa capacidad de Rilke para interiorizar todos estos sentimientos desemboca en un mar de imágenes que nos permite vislumbrar el sentido último de las cosas, su unidad inmanente. El poeta toma una palabra e introduce en ella todo lo creado o, si se prefiere, crea un concepto para que en su interior prenda la chispa del infinito. Buscando un nombre que pueda convertirse en símbolo de la plenitud, se encuentra con el de Dios. Rilke recrea a Dios a su imagen y semejanza. El camino que recorrió Silesius fue distinto: sentía la grandeza de Dios y luchaba con las palabras para poder describirla, fue así como llegó al arte, fue así como dejó de ser un predicador y se convirtió en poeta. Rilke, por su parte, se deja llevar por las prodigiosas formas del arte y, pensando en algo que puedan nombrar, buscando un propósito al que puedan servir, da con el nombre más alto, y es entonces cuando sus colores se inflaman y sus tonos se elevan en una melodía que asciende hacia esa luz. Como ocurre en Oriente, cuando los clérigos proclaman la grandeza de Dios desde una torre, el poeta alza su voz, con cierta turbación, pues sabe que el nombre de Dios no se puede pronunciar. «Quien necesita una prueba para demostrar la existencia de Dios es que está lejos de Él». Con más convicción que ningún místico, Rilke afirma que la idea de Dios sólo se puede concebir desde su manifestación y no desde su esencia, y como el hombre no puede abarcar todas las realidades en las que Dios se manifiesta, tampoco puede llegar a conocerle a Él. Tal vez el judaísmo sea la religión que ha defendido esta idea con más rotundidad, cuando prohíbe escribir el nombre de Dios—uno de los pecados más difíciles de expiar—y lo sustituye por un símbolo. Es exactamente lo mismo que hace Rilke en este libro: explicar a Dios, una y otra vez, a través de símbolos.

> Sólo por ti se encierran los poetas
> y reúnen estampas ricas y que susurran,
> y salen y maduran en imágenes,
> y están la vida entera ya tan solos...
> Y pintan los pintores sus cuadros, solamente
> para que tú recobres, *imperecedera*,
> a la naturaleza, que hiciste transitoria:
> todo se torna eterno. La mujer, como el vino,
> está en la Mona Lisa madura hace ya tiempo;
> no debería existir ninguna otra mujer,
> pues ninguna mujer añade nada nuevo.
> Los que construyen formas son iguales que tú.[*]

Así es como justifica los conceptos con los que trabaja. Cualquier color, cualquier palabra, cualquier música que se proponga reproducir tiene que recrearla antes, y lo más asombroso es que, al evocar lo que ha contemplado, lo convierte en algo nuevo. Dios crece para el poeta. En el fondo, aunque haya sido creado por Él, siente que es él quien lo crea.

> Como obreros: mineros, aprendices, maestros,
> construyéndote estamos, oh, alta nave central.[**]

---

[*] Rainer Maria Rilke, *El libro de horas*, trad. y pról. Federico Bermúdez-Cañete, Barcelona, Lumen, 1999, p. 127.
[**] *Ibid.*, p. 47.

La conciencia individual de la criatura, cuya naturaleza se ramifica y florece de mil maneras a lo largo del libro, nos invita a pensar que la vida de Dios depende de la vida del hombre, que ese Dios, al que uno mismo ha creado, no puede existir sin el ser humano. En cierto momento, el poeta plantea una pregunta verdaderamente audaz:

> ¿Qué harás, oh Dios, cuando yo muera?
> [...]
> conmigo pierdes tu sentido.
>
> Después de mí no tienes casa, donde
> te saluden palabras suaves, cálidas.
> De tus cansados pies cae la sandalia
> de terciopelo, que soy yo.*

Pensamientos profundos, que laten en algún oscuro rincón del subconsciente, piedras preciosas que sostenemos sobre la palma de la mano y que no ponderamos adecuadamente por lo ligeras que son. No se nos ocurre pensar en las montañas que hubo que horadar, en la tierra que hubo que remover para extraerlas, no nos hacemos idea de las noches en vela, de las horas de trabajo, de las manos magulladas. Vemos la luz que resplandece en su interior y no nos damos cuenta de que esa llama misteriosa, rescatada de las tinieblas, sólo se inflama cuando encuentra un alma gemela.

A muchos, este libro de poemas no les dirá nada, pero quien vaya buscando versos modernos, sutiles, que destaquen por su originalidad, disfrutará especialmente con éstos, que sorprenden por la increíble audacia de sus metáforas y nos animan a elevarnos por encima de la oscuridad

---

* *Ibid.*, p. 59.

de este mundo, a transportarnos místicamente a un lugar más feliz. Por otra parte, como ya es habitual, la voluntad de humanizar a Dios estremece el corazón, aunque más de una vez adquiere un acento blasfemo que linda con un fanático fervor religioso. El *Libro de horas* es una obra que pide ser leída con amor. Y, sobre todo, poco a poco, para que no se convierta en una pesada salmodia. Hay que abrirla como si fuera un devocionario, con veneración, en un momento de paz. Es entonces cuando uno percibe los ecos del órgano que resuena en sus versos. En Alemania no hay nadie—¡nadie!—que escriba poemas más hermosos, más perfectos, más melodiosos y más ricos. Sé que el gran público pasará de largo ante esta obra, y precisamente por esto me gustaría manifestarle a Rilke todo mi cariño y decirles a los lectores que su libro es uno de los más sugerentes de la poesía moderna y su nombre, uno de los pocos que perdurarán para siempre.

«NUEVOS POEMAS», DE RILKE

Un ensayo se quedaría corto. Necesitaríamos un libro entero para seguir la curiosa evolución poética de Rainer Maria Rilke y explicar la coherencia de su obra. La generación más joven le ha admirado desde sus inicios y, aunque cada vez se le exige más, cuenta con un público fiel que ha sabido comprender la transformación que ha experimentado su lírica en los últimos años. En el actual panorama literario alemán no hay ningún poeta más íntegro, más original y más afortunado que Rilke—salvando, por supuesto, a Richard Dehmel, una figura indiscutible, que es a nuestra lírica lo que Gerhart Hauptmann al drama—. El secreto de Rilke es la perseverancia. El talento lírico que demuestra es consecuencia del increíble rigor con el que trabaja sus versos, cualquier arranque de inspiración, cualquier hallazgo casual se desarrolla metódicamente, se lleva hasta el extremo.

La evolución que ha seguido el poeta resulta más admirable aún si tenemos en cuenta cómo fueron sus comienzos. Sus primeros versos, escritos por un muchacho de diecisiete o dieciocho años, recogidos en pequeñas publicaciones que han desaparecido de las librerías hace tiempo y se encuentran en manos de sus más fieles admiradores, que las conservan como si fueran un tesoro, inauguran una tónica que, desde entonces, se ha convertido en la seña de identidad de su lírica: estrofas breves que se mecen al son de una dulce melodía, como flores que el viento agita; sentimientos delicados, llenos de música y de color, ligeros y fugaces, como una mariposa que revolotea.

Luego se abrió una época marcada por la delicadeza con la que se moldea cada palabra, «las pobres palabras, que vamos perdiendo en el día a día», y por el increíble virtuosismo con el que maneja la rima, muchas veces recurrente, que se entrelaza de un modo verdaderamente soberbio. Poco a poco, los límites de la poesía se van ampliando y se solapan con los de otras artes. Las rimas, marcadas, sonoras, hacen que el poema entre en el ámbito de la música. En *Para celebrarme* había muchos versos cuyo sentido no residía en la palabra, sino en el ritmo, en el tono, poemas que sólo revelan su significado cuando se cantan. El tránsito hacia lo musical, que Rilke llevó hasta el extremo, es, sin duda, un acierto; pero el poeta no tarda en volver a la palabra, aunque ahora no se fija en su forma exterior, sino en su tonalidad interior. Ése es el hallazgo de *El libro de las imágenes*, la «metáfora madura», un recurso eminentemente pictórico que se apoya en la capacidad del poeta para vestir la palabra desnuda con un ropaje nuevo, para transformar los conceptos en imágenes, de modo que las estrofas, a las que la música ya había dotado de alas, se llenan de colores, como mariposas o como aves del paraíso; ellas, que habían aprendido a volar y a cantar, descubren toda una gama de tonos que matizan la realidad, una herencia de los neorrománticos que alcanza en Rilke su máxima expresión. Las innovaciones que se introducen en una etapa se consolidan en la siguiente; así, su poesía adquiere profundidad y perspectiva. Al final, la música y la pintura forman parte de sus versos; la fuerza plástica de su último libro es tal que los poemas se convierten prácticamente en cuadros líricos; de hecho, en algunos casos se atreve, por primera vez, a prescindir de la rima, que hasta ahora había sido su rasgo más propio, la energía que impulsaba sus versos.

Su nuevo libro[1] encierra una riqueza insólita, con unos colores impresionantes y una asombrosa originalidad en cuanto a sus motivos. Tratar cada uno de estos aspectos por separado no conduciría a nada. Es preciso considerarlos en conjunto y en perspectiva, como una nueva línea que desarrolla lo que había sido su trayectoria literaria hasta el momento, ampliando los límites de la experiencia poética. La voz de Rilke, tan dulce en un principio, adquiere en este libro una fuerza incomparable. No hay tono que sea demasiado duro para él, ni siquiera el de la Biblia. A las flautas y a los violines se les suma el sonido metálico de la fanfarria; los colores suaves propios de las acuarelas retroceden ante el tajante cincel del escultor. Si hasta ahora escribía sus poemas hundiendo las manos en las agitadas aguas del sentimiento, tomando una nota de la armoniosa melodía del universo, abundando en aspectos más o menos sabidos, sin descender a la vida concreta salvo en contadas ocasiones, este libro, en cambio, parte siempre de la realidad: un instante concreto que se sustrae al paso del tiempo; un objeto singular que actúa como una gota de agua en la que se refleja el firmamento; un elemento único, fugaz, que enriquece al conjunto; una anécdota que transciende lo cotidiano y adquiere una fuerza colosal. Se imprime movimiento al interior de las cosas muertas, lo cual produce un efecto escalofriante, fantasmal. Se pone en marcha un misterioso mecanismo de imágenes que consigue que los objetos se agiten como las sombras de la noche, que cobren vida gracias a la persona que los observa, que se transformen en seres

---

[1] Rainer Maria Rilke, *Neue Gedichte*, Leipzig, Insel, 1907. *Der neuen Gedichte anderer Teil* apareció poco después en la misma editorial. [Existe edición en español: *Nuevos poemas*, 2 vols., trad. Federico Bermúdez-Cañete, Madrid, Hiperión, 1991 y 1994].

animados, dotados de voluntad y en lucha con su destino. Lo que estaba muerto comienza a despertar, lo que parecía intangible tiende sus manos hacia nosotros. Un buen ejemplo sería la plaza de Furnes, un puñado de casas inertes, a las que los versos de Rilke insuflan vida.

> … la plaza invita a las ventanas lejanas
> a limitar sin cesar su amplitud,
> mientras que el séquito y la escolta
> del vacío se reparte y ordena lentamente
>
> por las filas de comercios. Subiéndose al frontispicio,
> las pequeñas casas quieren verlo todo,
> callándose una a otra, tímidas, las torres
> que siempre están detrás de ellas, ilimitadas.[*]

Se profundiza en el sentido de las cosas mediante metáforas que penetran hasta la última fibra y agotan su significado. Como le ocurría a aquel personaje de Hofmannsthal, Rilke no puede «sentir las cosas sin más», sólo las comprende a través de imágenes, unas remiten a otras, y así el mundo se convierte en una cadena infinita de elementos relacionados entre sí, cuya mutua dependencia da forma a la realidad. En su poesía no tiene cabida ni lo insólito ni lo absurdo. Aunque no seamos conscientes de ello, existe un hilo rojo que une todas las cosas, una esencia misteriosa, transparente, que permite al poeta prescindir de colores, sonidos, gestos, incluso de la historia de las personas y de las cosas, desprenderse de lo accesorio, captar su naturaleza individual y descubrir, de este modo, su verdadero ser. Rilke contempla el mundo con una intensidad sin igual; ya no traza el perfil de los objetos, sino que los observa desde

---

[*] *Nuevos poemas, op. cit.*, vol. i, p. 169.

dentro, ahora su forma de comprender el arte no tiene tanto que ver con la del pintor como con la del escultor, que percibe la figura aprisionada en el bloque de mármol y trata de liberarla. Esto es lo que apunta en su libro sobre Rodin, para el que trabajó durante meses como secretario y cuyos secretos parece haber aprendido: vencer la frialdad de la piedra jugando con las luces y las sombras, con el color y el movimiento conseguir policromía sin dar una sola pincelada, aprovechando el ritmo interior, buscando la armonía, la pureza de la línea.

Como ha ocurrido con cada uno de sus libros, el esfuerzo que ha realizado ha sido colosal y el resultado, insuperable. No creo que sea posible dar mayor plasticidad al poema; diría incluso que algunos versos rebasan los límites de lo estrictamente poético. Dentro de Rilke late esa insatisfacción que anima a los montañeros más aguerridos a escalar cumbres a las que nadie ha llegado aún. En sus últimos tres o cuatro libros ha ascendido a cotas que creíamos inalcanzables y siempre ha regresado con novedosos hallazgos. Estoy convencido de que pronto volverá a ponerse en marcha y de que su camino le conducirá a algún lugar diferente y maravilloso, donde su increíble capacidad plástica—que en este libro ha sido un fin en sí misma—se convertirá en un medio para acercarse a una poesía más intensa y más perfecta aún.

«SOBRE LOS ELEMENTOS DE LA GRANDEZA HUMANA», DE RUDOLF KASSNER

Si hay algo que caracterice a los grandes maestros de la lírica y explique su original forma de ver el mundo, por encima incluso de la fuerza plástica, es su asombrosa capacidad para tomar un término desgastado por el uso, que ya no nos sabe a verdad, un concepto frío, abstracto, separado de la vida, que utilizamos mecánicamente, y devolverle su antiguo vigor, introduciendo un enfoque nuevo, escogiendo el punto de vista que mejor evidencie su auténtico sentido, es decir, desde el cual se perciba en toda su riqueza el ámbito de realidades humanas al que pertenece, denunciando su aspecto prosaico como una burda falsificación, corrigiendo el malentendido, consiguiendo que la palabra recupere su pureza poética, su cristalina transparencia. Se trata de un fenómeno que cualquier amante de la poesía ha experimentado y que resulta muy gratificante, pues, de pronto, la realidad nombrada adquiere un significado nuevo, un rasgo que distingue la obra, profunda y certera, de Stefan George y de Rilke. Lo que hasta ahora no se había intentado, salvo en casos muy excepcionales, es recuperar no sólo la palabra, sino también los conceptos degradados por la retórica o por su uso periodístico, devolviéndoles su inocencia, su carácter abstracto, su radicalidad. De todas las aportaciones que Rudolf Kassner ha realizado a nuestra época, creo que ésta es la más importante.

Gracias a él hemos comprendido la necesidad de trabajar con ideas claras y distintas. Kassner se ha dedicado a identificar los conceptos que habían ido tergiversándose o que habían quedado empañados con el paso del tiempo, por pereza o por dejadez, y les ha devuelto su esplendor original. Su fuerza es tal que cuesta reconocer en ellos aquellas palabras manidas y vacías de antes. Leer a Kassner exige volver sobre nuestra lengua para recomponer sus conceptos y sus símbolos. No sé si sería capaz de explicar con todos sus pormenores un universo tan complejo como el de Kassner, porque su forma de ver el mundo no tiene nada que ver con la del resto de los escritores alemanes. Sus libros están sometidos a una enorme presión espiritual; sus razonamientos son ardientes, apasionados; su moral, estricta; su estética, sobria, fría, distante, implacable. Muchos se reconocen incapaces de entrar en sus obras, pues les parecen absurdas. Lo mismo se ha dicho de la lírica de Stefan George o, más recientemente, de las imágenes poéticas de Rainer Maria Rilke. Hay quien los rechaza de antemano por su excesiva seriedad y por la dificultad que entrañan. Soy consciente de que hoy, en Alemania, no habrá más de doscientas o trescientas personas que se sientan cómodas con los libros de Kassner, que se expresen con sus palabras, que piensen con sus conceptos y para las que signifique tanto como para considerarlo el *praeceptor Germaniæ* en lo que se refiere a cuestiones estéticas, una figura cuya valía personal, formación intelectual y vocación artística están fuera de toda duda. Resulta difícil hablar de un hombre tan singular, porque no se le puede comparar con nadie, la literatura alemana de hoy y de siempre no cuenta con ningún autor que se le aproxime—ni siquiera Nietzsche, que, al fin y al cabo, resulta más accesible que él—, un personaje solitario que se yergue duro como una roca en medio de un paisaje bastante más amable, un hombre tenaz que realiza un enorme esfuerzo, acaso en vano, y del que nadie podría decir con absoluta certeza si nos conduce sabiamente o nos seduce peligrosamente. No obstante, cualquier lector con un mínimo de sensibilidad se quedará asombrado ante la enorme solidez, el riguroso razonamiento y el grandioso estilo de sus libros. A pesar de ello, Kassner sigue siendo malinterpretado y despreciado, cuando merecería, si no el aprecio, sí, por lo menos, el respeto de cualquiera que se acerque a él, aunque no comparta sus valores o su gusto estético.

Debo admitir que no he conseguido descubrir el sentido último ni la lógica que articula su nuevo libro, *Sobre los elementos de la grandeza humana*, publicado en Leipzig por Insel, pero su portentosa inteligencia, su persuasivo discurso, su indudable elegancia y su asombrosa capacidad de síntesis me llevan a pensar que la culpa es mía y no de Kassner, y me animan a creer que, dentro de algunos años, amaré con pleno convencimiento lo que hoy admiro con más o menos reservas. Me gustaría que Alemania tuviera más libros como éste, libros que suponen un reto tanto para nuestro intelecto como para nuestra sensibilidad y, por ello, contribuyen a nuestra educación obligándonos a realizar un esfuerzo para seguir los razonamientos de hombres como Kassner, figuras únicas que se enfrentan a la disolución de los valores éticos y estéticos que marca nuestra época buscando en sí mismos una guía para el espíritu.

POEMAS DE ALBERT EHRENSTEIN

De entre los poetas alemanes actuales no conozco a ninguno que muestre una resistencia tan tenaz ante la realidad como Albert Ehrenstein, y prácticamente ninguno al que la popularidad le sea tan esquiva. Es un autor incómodo para la mayoría de los críticos, porque se resiste a ser adscrito a una corriente determinada; su caótica producción no encaja en el canon literario. Por si fuera poco, su perfil tampoco responde al concepto de poeta tal y como se entiende en Alemania. Carece de todo aquello que el lector está acostumbrado a identificar con la raíz de la inspiración poética, con la esencia de lo lírico: un espíritu sensible que lleve la armonía a nuestra confusa percepción del mundo, que nos conmueva con la cautivadora melodía de sus versos. Ehrenstein se encuentra en las antípodas de esta figura idealizada. Su estilo es obsesivo, abrupto, vehemente (no hay otro modo de calificar una obra tan insólita). Sus textos son provocadores, incendiarios, explosivos, lo único que los convierte en literarios es su asombrosa intensidad. Su cáustica ironía y su ácido humor lo corroen todo. Profundiza en los problemas estéticos y, cuando ya no puede avanzar más, coloca una carga explosiva y, después de volar el obstáculo, accede a la veta que esconde la esencia del arte. Este proceso creativo, apropiarse de la realidad haciéndola saltar por los aires, no tiene parangón. Ya se percibía con claridad en sus dos anteriores obras en prosa, *Tubutsch*, una novela que no despertó la atención que merecía, y *Suicidio de un gato*, pero sus dos nuevos libros de poemas llevan esta estrategia hasta el extremo.

Los dos libros de poemas de Ehrenstein,[1] que se han publicado al mismo tiempo en una edición preciosa de gran formato que revela un gusto exquisito, están pensados para un círculo de lectores muy reducido, por eso la tirada se reduce a trescientos ejemplares, lo cual, por otra parte, es una forma de evitar las iras y la incomprensión del gran público. Está claro que estos poemas, tan diferentes a todo lo que se escribe hoy en día, se prestan a todo tipo de suspicacias, porque se enfrentan violentamente a la idea que tenemos de la lírica, de la que no queremos desprendernos, la mayoría de las veces, por pura comodidad, y la hacen trizas, rompiendo radicalmente con las simplificaciones a las que se somete a la literatura. A la psicología le gusta tener unidades con las que operar, descompone el alma en elementos discretos y examina cómo se combinan entre sí. Ahora bien, las tablas de multiplicar no sirven para resolver una ecuación tan compleja como la que plantea la figura de Ehrenstein en su faceta poética. Si tuviéramos que aceptar, de acuerdo con la opinión al uso, que un poema es la expresión de un estado de ánimo bien definido, con un estilo armonioso y equilibrado, con una voluntad integradora que aspira a resolver (o disolver) el problema que experimenta el yo lírico, habríamos de reconocer que la mayoría de los poemas de Ehrenstein no son tales. Nos encontramos casi siempre ante textos desarticulados, que mezclan lo dulce y lo amargo, el humor y el éxtasis, y cuya armonía depende, como ocurre con la música atonal, de que estas disonancias se resuelvan en un acorde superior.

Lo característico de este poeta es, precisamente, su falta de unidad, la pluralidad de voces, la mezcla de tonalidades

---

[1] *Der Mensch schreit*, Leipzig, Kurt Wolff, 1916, y *Die weiße Zeit*, Múnich, Georg Müller, 1915.

mayores y menores que contrastan entre sí, los sentimientos enfrentados que se entrecruzan y se confunden—como en los cuadros de Kokoschka, a quien tanto admira, tal vez por su afinidad consciente o inconsciente—, esos paisajes del alma creados con trazos dispersos que, sin embargo, forman una unidad, esa pasión, ese fervor intelectual con el que penetra en la esencia de las cosas cuando otros se quedan en la superficie. En Ehrenstein, el caos puede llegar a ser una virtud. Ni siquiera el espacio y el tiempo, que dan forma a la sensibilidad, consiguen tender vínculos con su alma. En cuanto la infancia arranca, y casi sin solución de continuidad, se inaugura una vejez fría y aterradora. El ideal, una esfera pura, cerrada en sí misma, se quiebra de repente cuando la atraviesa un humor agudo, en el que se confunde lo espiritual y lo carnal, igual que un automóvil que atraviesa como un torbellino un paisaje de suaves praderas llenas de flores, rugiendo y desprendiendo mal olor. La evocación de un universo irreal, fantasmagórico, anterior al mundo, cede ante la brutalidad de la vida real, pero eso no impide que las paredes de un café nocturno se vengan abajo para dejar pasar la deslumbrante luz de Sirio, de las estrellas y de los cometas que surcan el misterioso cielo.

Ehrenstein construye una realidad *ajena al espacio*, al margen del mundo, y escribe una poesía *ajena al tiempo*, que llama la atención por su lucidez. El tiempo que se divide en horas, minutos y segundos exactos, precisos e inamovibles, el tiempo que aspira a controlar el caos de la vida, es su enemigo, un adversario demoníaco, del mismo modo que lo es el espacio, el mundo, que frena el impulso con el que aspira a abrirse al cosmos. Le gustaría que la brecha que recorre su ser de un extremo a otro se trasladase al resto de la creación, rompiendo su armonía, recuperando el antiguo dinamismo que estaba en su origen, devolviéndole el carácter polémico, contradictorio que ha perdido. Lo cerrado, lo tierno, lo femenino, lo acogedor, lo complaciente se oponen a la auténtica vida; la mujer es el Anticristo de la existencia, pues ésta se nutre de la rebeldía. La pasión por el *contraste*, que impregna toda su obra, tiene un reflejo directo en el ámbito lingüístico, donde la mezcla de elementos heterogéneos, sublimes e irónicos, da pie a formas que en un principio pueden resultar dolorosas, como cualquier disonancia, pero que, poco a poco, a medida que se despliegan y evolucionan, adquieren una tonalidad y un ritmo propios, y se convierten en una rapsodia plenamente original, inolvidable e imprescindible. La tensión que experimenta el ser humano escindido, la angustia que provocan los sentimientos encontrados, cuando trata de penetrar en este mundo paradójico, cuando quiere transformar su purpúreo caos en un orden de color carne, sigue una lógica apabullante, que implica a toda la persona y confiere a esta lucha, que se libra con las armas de la lírica, una violencia y una grandeza incomparables. De este modo, la vida se convierte en algo único.

Por esta razón considero que la clave para comprender la lírica de Ehrenstein no está en la armonía de sus versos, como ocurre con la mayoría de los poetas, sino en su *intensidad*. El poema está completamente desarticulado, pero este hecho, que al principio confunde, se compensa con la insólita fuerza del conjunto. Las sensaciones se multiplican hasta alcanzar el éxtasis, como ocurría en Hölderlin; su sensualidad se yergue desnuda como un miembro erecto; su maldad se revuelve regañando los dientes con la furia de un babuino; su fría lógica tiene el horripilante atractivo de un mundo que ha llegado al final de su vida y está a punto desaparecer. Todos estos elementos se llevan al extremo, hasta que apenas hacen pie en la realidad. Son demasiado afilados, demasiado incisivos, demasiado independientes para desposarse con nadie, para ir del brazo de una suave melodía; en ocasiones, tienen un encuentro fugaz, voluptuoso, pero esto no quiere decir que olviden su natural enemistad. Esta increíble combinación, en la que el cinismo se mezcla con el romanticismo, cuestiona la realidad (en último término, cinismo y romanticismo constituyen una negación de la identidad), nos sitúa fuera de lo terrenal, fuera del espacio y del tiempo. Incluso en esta esfera, fuera de la corriente de la existencia, cada ser sobrepasa los límites que le son propios. Los acontecimientos más perturbadores de nuestra época, los más graves, entre ellos la Gran Guerra, se presentan como una anécdota irrelevante para el devenir del universo. Vivimos a la intemperie, sin fronteras tras las que resguardarnos. Para Ehrenstein, «el alma no tiene estrechos como el Bósforo ni macizos como los Vosgos». Impera la anarquía; cualquier incidente, incluso el más trivial, puede desatar un incendio que inflame el cosmos, mientras que lo transcendental, lo histórico pasan sin dejar huella.

La inusual *fuerza lingüística* que brota de este sentimiento exacerbado, como flechas ardientes que apuntan a lo más profundo de nuestro ser, merecería que le dedicásemos toda nuestra atención, pues es un fenómeno asombroso en un escritor que se sitúa fuera del tiempo, ajeno a teorías y polémicas. Para realizar una valoración literaria de la obra de Ehrenstein no podemos centrarnos en sus imágenes líricas (unas perfectas, otras planas y otras fruto de la improvisación), no podemos fijarnos en su talento, hay que admirar su genialidad, un valor que no se puede definir conceptualmente y que, por su carácter único, exige un cambio de perspectiva, pide pasión por lo que está fuera de lo común, una mentalidad abierta a nuevas formas de expresión, valor para desprenderse de las ataduras que aprisionan nuestra alma, madurez para poner en suspenso nuestros gustos y preferencias. Debemos tener la capacidad de poder saltar por encima de nuestra propia sombra, de abandonar por un momento nuestras opiniones artísticas, y también nuestros prejuicios, para dejarnos sorprender por Ehrenstein, al que felicito y por el que me alegro al saber que en Alemania sólo cuenta con trescientos lectores capaces de apreciar sus dos libros de poemas.

REENCUENTRO CON TUBUTSCH

Deben de haber pasado quince años desde que Tubutsch, este curioso personaje vienés, se asomó por primera vez a la literatura. Tubutsch, creado por Albert Ehrenstein, parece la sombra perdida de Peter Schlemihl. Este tipo fantasmal y siniestro, que destaca por su cómica crudeza, tiene el carácter sumiso y, al mismo tiempo, audaz de un mendigo que despierta nuestra compasión. Cuando Tubutsch salió de su callejón, nos llevamos un buen susto. Su voz, sollozante y amarga, se burlaba sarcásticamente de su propia bondad. Su sensibilidad y su pasión se convertían en blanco de irónicos retruécanos. Nos asustó, pero ya no pudimos olvidarnos de él jamás. Era alguien nuevo, con una personalidad arrebatadora; alguien que había dado un paso hacia delante y, sin embargo, seguía en el mismo lugar de siempre; alguien ebrio de dolor, pero que, por otra parte, se avergonzaba de sí mismo y corría a esconderse detrás de su maliciosa mordacidad. Hasta ese momento, nadie nos había mostrado con tanta dureza la terrible existencia de un marginado, el destino de quien ha sido expulsado de la sociedad. Un relato con un ritmo frenético y un estilo endiablado, escandaloso, que mezcla con toda intención el habla de Ottakring con las elegantes imágenes de la literatura clásica. Un libro que provocaba y entusiasmaba, indignaba y absorbía por igual. Tubutsch causó una conmoción en nuestra juventud, y sigue formando parte de ella.

Hoy, quince años después, me he reencontrado con Tubutsch. Albert Ehrenstein ha recuperado a su antiguo aprendiz de mago en un libro nuevo y viejo, desde el que nos contempla la máscara trágica de la juventud adornada con todas las cabelleras que él ha ido cortando a sus enemigos e incluso a sí mismo. La editorial Rowohlt acaba de publicar *Caballero de la muerte*, una recopilación de los relatos de Ehrenstein entre 1900 y 1919. Por eso he dicho que es un libro nuevo y viejo. Al escritor le encanta darle la vuelta a sus libros, unir lo que escribió en el pasado con lo que está produciendo ahora mismo, y enfocarlo con una luz nueva. Es un raro privilegio reservado a unos pocos, y por supuesto a él, que nos sorprende con unos relatos casi sin forma y sin demasiada relación entre sí, salvo por el vinagre y la hiel que destilan, pero que conservan la vitalidad, la riqueza y el espíritu que tenían en origen, de modo que se leen como si fuera la primera vez. Su carácter es tan fuerte que, al cabo de una década (¿de cuántos libros se puede decir algo así?), mantienen intacto su aroma. Su piel sigue siendo tan tersa como entonces, su carne, tierna, fresca, ha resistido perfectamente el paso del tiempo. Uno vuelve a encontrarse con *Suicidio de un gato*, un viejo conocido, cuya lectura deja un regusto amargo, o con *Entierro*, un texto terrible, con el que el autor se flagela a sí mismo, y siempre experimenta esa sensación reconfortante y demoledora, optimista y patética. Pero, por encima de todos, está el reencuentro con *Tubutsch*, en verdad soberbio.

He dicho que estos relatos de Ehrenstein «se leen como si fuera la primera vez». Pero ¿se han leído realmente? Poniéndome en el lugar del público lector, no creo que podamos tomarle a mal que obras como éstas le asusten: no son cómodas ni agradables. No se deslizan suavemente por la garganta como el agua; son corrosivas, mordaces y dejan hondas cicatrices. Son monstruos con la espalda encorvada que sacan sus garras cuando uno menos se lo espera, que hacen daño y no bien, que rompen la melodía de las palabras con gritos desgarrados que traspasan el alma, el clamor de un hombre desesperado. Ehrenstein permite que Apolo desuelle a Marsias una y otra vez, un castigo sangriento que se prolonga eternamente, acompañado por la dulce melodía de la siringa, en la que se mezclan los espantosos gritos de dolor del infortunado sátiro. Sus relatos abrasan el corazón, son como un violento tirón de orejas, rompen los nervios de cualquiera, unas veces tienen un acento bárbaro y otras, divino. Ahora bien, detrás de tanta ironía, de tanto humor, se esconde una tristeza infinita, un derroche de bondad, un amor apasionado que cae en el vacío, la sobrecogedora tragedia del joven Tubutsch.

Esta estremecedora combinación de ira y humanidad ha marcado la literatura de Ehrenstein desde sus comienzos, pero fue durante la guerra cuando se hizo más patente; en aquel momento, la rabia contenida estalló con un furor lírico espléndido, gigantesco, inolvidable. Los versos de *Barbaropa*, latigazos poéticos con los que fustiga la contienda, expresan el callado sufrimiento de un poeta que había comenzado denunciando la injusticia y cuyo acento lírico se ocultaba, por vergüenza, revistiéndose con ropajes exóticos, para que nadie apreciara su sensibilidad, su delicadeza. Después de tanto tiempo ya no le sirve de nada esconderse detrás de una broma o desfigurar su rostro con violenta ironía. Sus versos, puros como el cristal, muestran a las claras esa bondad y ese dolor.

¡Pero qué pocos lo ven! La mayoría se fija únicamente en su estilo, que oscila entre lo delicado y lo mordaz, entre lo serio y lo ligero, escandalizándose cuando deja escapar un eructo de amargura en medio de una frase que prometía ser antológica. El bueno de Ehrenstein parece condenado a estar siempre solo, igual que Tubutsch. Todos se apartan de él, tanto en el ámbito literario como en el social. No va de la mano con nadie, no forma parte de ningún grupo, no se adscribe a ninguna corriente, no se identifica ni con los jóvenes ni con los mayores. Su vida es la de Tubutsch. ¡Ojalá se desprendiera de ese carácter incisivo, amargo! ¡Ojalá dejara de estar siempre a la defensiva! ¡Ojalá tuviera el valor de mostrarse tal cual es! La *única* obra en la que hemos visto a un autor distinto ha sido su traducción de los relatos de Luciano de Samosata, el famosísimo escritor del período helenístico, un maestro del lenguaje, con un ingenio desbordante y un enorme talento para unir lo humano y lo divino. En esta traducción, innovadora, deslumbrante, el acento helénico ha logrado acallar el eco veterotestamentario que se percibe en el resto de las obras de Ehrenstein, consiguiendo un sonido puro. Me gustaría que el autor encontrara la fuerza para dominar sus impulsos y, poniendo en juego su libertad, escribiera una obra propia, donde no hubiera bromas, maldades ni sarcasmo, sino nervio y empuje para salir de sí mismo y de su amargura. ¡Ojalá lo logre! ¡Que san Luciano le acompañe y que acompañe también a nuestro querido Tubutsch!

«A DIESTRA Y SINIESTRA», UNA NOVELA DE JOSEPH ROTH

Lo que nuestra época les pide a sus escritores es que tracen una imagen de ella, quiere que den cuenta de su ayer y de lo que sucede hoy, un síntoma inequívoco de la desorientación que sufre desde la Gran Guerra y de que, en el fondo, no ha decidido aún hacia dónde debe encaminar sus pasos. Necesita testigos, portavoces e intérpretes, más que poetas atemporales, por eso, la literatura actual tiene un marcado carácter épico y documental. Uno de estos portavoces, uno de los testigos más destacados de la nueva realidad es Joseph Roth, un novelista de treinta y dos años que habla en nombre de esa trágica generación, la suya propia, que pasó de las aulas a las trincheras directamente, a la que la guerra primero y la crisis económica después arrebataron la inocencia y la esperanza. La mitad de aquellos jóvenes, que rondarían en total los dos millones, no sobrevivió a la contienda, y la mayoría de los que regresaron ha tenido que arreglárselas como han podido, aferrándose a un trabajo, a un partido de derechas o de izquierdas, a determinada manera de ver el mundo. Otros muchos, seguramente los más débiles, los más vulnerables, pero también los más valiosos, siguen sin encontrar su sitio cuando ya ha pasado casi una década. No han sido capaces de cerrar los ojos, zambullirse en una corriente y dejarse arrastrar por ella. Todavía andan buscando alguna compensación por la traición de la que fueron objeto, por la fe juvenil que perdieron. Necesitan entrar en cuentas consigo mismos para forjar una relación transparente, sincera y honesta con esta nueva época. Para estos *deracinés*, para estos desarraigados, para estos «nómadas que conocen el extranjero, pero no una patria», es para quien escribe Joseph Roth. Sus novelas, que se cuentan entre las más impresionantes del panorama literario alemán, son una *Fuga sin fin*, de país en país, de clase en clase, de partido en partido, sin aferrarse a nada y sin desprenderse de nada, la epopeya de «después de la guerra», la misma que ha descrito Hans Sochaczewer en su última novela, publicada recientemente, el drama de quienes tienen que seguir viviendo con el mismo corazón de antes en una época y en una tierra en la que ya no hacen pie. Buscan una patria en Alemania y no la encuentran, viajan a Francia, a Rusia, recorren todos los países, tratan de integrarse en todas las clases, partidos y grupos, adaptándose a sus normas, a sus costumbres, pero no lo logran, todo es en vano. Unos son comunistas; otros, radicales de derechas; pero todos buscan algo que dé sentido a su vida y esto los convierte, de algún modo, en hermanos. Los personajes de Joseph Roth despiertan a una realidad siniestra, amenazadora, miran la vida con desconfianza. No se dejan engañar, pero, en secreto, envidian a los que sí lo hacen, a los que se dejan llevar por las ilusiones, a los que se apoyan en sus creencias, a los que siguen determinadas consignas políticas o a los que entregan su vida a un proyecto con el que esperan alcanzar el éxito. Observan la realidad bajo el prisma del recelo, que ha ido puliéndose a lo largo de los años y cuyas aristas son demasiado agudas para no contemplar con dolor lo que sucede, para no calar inmediatamente la mentira, sobre todo cuando les afecta directamente. Esa mirada atenta, sobria, vigilante, inmisericorde de Joseph Roth puede resultar angustiosa, lo admito. Sus novelas son demoledoras; no queda ninguna salida, no hay lugar para los sentimientos ni para la esperanza. Es comprensible que, a pesar de estar excelentemente escritas, a pesar de su deslumbrante realismo, su repercusión, hasta ahora, haya sido más bien limitada. Es obvio que la generación de hoy necesita reafirmarse, reforzar sus convicciones, y su instinto de conservación le anima a apartarse de los textos literarios que denuncian abiertamente su desconcierto, su falta de seguridad. Eso no dice nada en contra de la veracidad y de la conveniencia de los libros de Joseph Roth, pues la mayoría de los alemanes, que silencian su confusión interior alargando su jornada laboral hasta las diez horas o gritando consignas políticas, no saben ni quieren saber cuántos de sus compatriotas volvieron de la guerra con el alma herida, con su porvenir truncado, cuántos se esconden detrás de las puertas y de las ventanas de las casas vecinas atormentados por la sensación de vivir en una época que no es la suya, y lo que puede suponer para ellos encontrarse de pronto con un retrato de su alma, con una historia que refleje sus luchas más secretas. Ésta es la virtud de las novelas de Joseph Roth, al menos desde mi punto de vista; describen el desconcierto que experimenta su generación con extrema claridad, con una transparencia que permite ver hasta la última piedra del lecho de río, son espantosamente exactas en sus juicios, por duros que sean, y tienen un gusto auténticamente delicioso, aunque resulte amargo. Con una conmovedora humanidad, una sensibilidad exasperada y una emoción a flor de piel, Joseph Roth destaca por su habilidad para trazar la semblanza de un hombre en particular o de toda una época. Conoce perfectamente los mecanismos que mueven la sociedad, cada engranaje, cada resorte, cada llave, y ofrece un diagnóstico certero, sin exageraciones, sin patetismo, del trastorno que sufre el alma de cada cual. Este Joseph Roth es un tipo nervioso; reacciona bruscamente ante cualquier inexactitud, no soporta la falta de claridad, no tolera la impostura, no acepta ningún tipo de componendas, no admite el fingimiento, ni siquiera en el plano artístico. Se comprende que sus novelas sean tan luminosas, aunque su luz no sea la de esos días claros, soleados, cuando el aire tiene ese olor fresco tan característico, sino más bien la luz metálica y cristalina de una sala de disección, donde se emplea el bisturí para separar los tejidos y llegar a las fibras más profundas. Esta luminosidad transparente, lo cual no implica que sea fría, domina también su lenguaje. Su técnica se parece a la del retratista de siluetas, que toma una afilada cuchilla y traza, con líneas precisas y con una economía de medios sorprendente, cada personaje, cada acontecimiento, con una nitidez absoluta, con una exactitud milimétrica. Hasta lo más prosaico adquiere relieve estético gracias a esas líneas rectas, claras, conmovedoras, que armonizan el relato, pues la ansiedad, la pesadumbre y la angustia quedan en el interior, tienen que ver con la salud del alma. Así, en su anterior libro, la prioridad es proporcionar un diagnóstico acertado del mal que aqueja a nuestra época, sin preocuparse, de momento, por la terapia. Todos sus relatos terminan en una encrucijada con un signo de interrogación invisible, sus personajes no saben adónde encaminar sus pasos, han concluido sus años de peregrinación y de aprendizaje sin llegar a ninguna conclusión, han acumulado conocimientos y experiencias, pero, en esta *Fuga sin fin*, ninguno llega a encontrarse a sí mismo, no acaba de entender quién es y cuál es su lugar en el mundo.

Lo mismo se puede decir de su nueva novela, *A diestra y siniestra*, en la que mantiene su enfrentamiento con la realidad, profundizando en esa observación sobria y clarividente que le caracteriza, pero sin dar una respuesta definitiva a los problemas que plantea. Los hermanos Bernheim, uno más joven, el otro mayor, no deciden libremente el camino que han de recorrer, son empujados por fuerzas que les obligan a tomar una dirección ajena a su voluntad. Sin embargo, aparece por primera vez una figura con capacidad para resolver, de una vez por todas, el problema del yo y la tarea de la vida. Se trata de Nikolai Brandeis, un personaje escéptico, como todos los de Roth, pero que se sitúa en un plano superior. Es un hombre de éxito, pero no se deja deslumbrar por ello, no pasa de largo, no da nada por perdido de antemano, no desprecia la época que le ha tocado vivir, sino que se pone a sí mismo en juego y trata de vencer los obstáculos con fuerza de voluntad. Este Nikolai Brandeis es el primer individuo que trata de afirmarse frente al mundo en la obra de Joseph Roth. Hasta ahora no había creado a nadie dispuesto a forjar su propio destino. De momento, ya es un comienzo, tendremos que esperar a su próxima novela para ver cómo acaba. En cualquier caso, es la primera vez que nos encontramos con alguien resuelto a superar su propia resignación, a romper las cadenas que le mantienen preso, a infundirse fuerza y seguridad. Con él parece que Joseph Roth supera una crisis de conciencia. Pues el escepticismo, en el arte, sólo tiene dos caminos para ser fructífero. El primero es el de la ironía como contrapunto para aliviar la angustia interior. El resultado es la novela de los ingleses, Dickens y Shaw, o de los franceses, como Anatole France. El otro camino es el de la pasión por lo eterno, por lo perdurable, como forma de afrontar la realidad contingente. Joseph Roth, uno de los prosistas con más talento de los últimos años, es libre de elegir entre ambos. Sólo le hace falta tener un poco más de fe en sí mismo para confirmarse como el gran novelista que ya es desde hace mucho tiempo por la intensidad con la que trata las emociones, por su dominio de la narrativa, por su amplio conocimiento del mundo. A este creador decisivo sólo le hace falta atemperar los nervios para resistir los embates de la época, sólo necesita contar con la determinación necesaria para aplicar el análisis psicológico a segmentos más amplios de la realidad, en obras de mayor envergadura. No tiene más que quererlo y el reconocimiento que hasta ahora le ha negado su época de forma injusta, aunque comprensible desde un punto de vista humano, le pertenecerá por derecho propio.

«JOB», UNA NOVELA
DE JOSEPH ROTH

Lo que más sorprende y emociona de la nueva novela de Joseph Roth es su sencillez y su contención. Sus libros anteriores, *A diestra y siniestra*, *Fuga sin fin*, le habían situado en los primeros puestos de la joven narrativa alemana por la excepcional lucidez con la que contempla la vida política y social y por la sensibilidad con la que analiza las emociones. Sin embargo, estos libros, con un marcado carácter documental, carecían de una visión de conjunto, eran, en sentido estricto, fragmentarios. Lanzaban preguntas a la época, exploraban con curiosidad todos los problemas tratando de desvelar su naturaleza, se llenaban del aroma que desprendía su espíritu más íntimo, pero estaban muy lejos de agotar su esencia desde el punto de vista artístico. Lo que tomaban lo volvían a dejar; se aproximaban a la meta para terminar pasando de largo; sentían nostalgia, ansiaban pertenecer a alguna parte y, sin embargo, se dejaban llevar por el escepticismo, incapaces de mantener sus compromisos hasta el final. Eran los libros de una generación que había regresado de la guerra con muchas preguntas, que vivía el presente con extrañeza y se enfrentaba al futuro con desconfianza, vigilante. Eran historias vibrantes, provocadoras, coloridas, centelleantes, con un delicado encanto que seducía tanto los sentidos como el espíritu, aunque no llegaba a satisfacer a ninguno, relatos que despertaban admiración, pero que no conseguían enamorar. Yo, que apreciaba la vigorosa inteligencia y la profunda humanidad del verdadero Joseph Roth, deseaba con todas mis fuerzas que volcara su talento en una obra más personal que pudiera sintetizar todos estos aspectos con una visión de conjunto.

Eso es precisamente lo que ha conseguido en su última novela, un relato sorprendente que cuenta de la manera más sencilla (aunque con una extraordinaria calidad artística) una historia viva y próxima. No tiene que ver con los problemas propios de nuestra época, tales como la guerra, la educación o la política, no toca ninguno de los temas que ahora mismo están de actualidad, pero habla de nuestro presente, de hoy, aunque lo que dice sirve también para ayer y para mañana, su mensaje es válido para cualquier época, cualquiera que tenga corazón lo puede comprender. A mí, a ti, a cualquiera le puede suceder lo que aquí se cuenta hoy, mañana o pasado mañana. Ocurre todos los días en la casa de al lado, a la vuelta de la esquina. Cada cual se ocupa de su trabajo con más o menos empeño, sin llamar demasiado la atención. No es tan bueno como debería, pero tampoco tan malo como podría. No es incrédulo, pero tampoco un fervoroso creyente. Es como todos, como es la mayoría. Y entonces, de repente, recibe un golpe que le llega desde arriba o desde cualquier otra parte, y que le acierta de lleno. Me puede pasar a mí, a ti o al vecino que vive a la vuelta de la esquina, al amigo o al enemigo. De la noche a la mañana, el destino nos envía una desgracia a casa, enfermedad, muerte o pobreza. El destino, hasta ahora indiferente, se abate sobre alguno de nosotros descargando toda su ira. Da igual de quién se trate, será tan culpable o tan inocente como el resto. Todos los días suceden cosas así a nuestro alrededor, en el primero, en el segundo, en el tercero o en el cuarto piso de cada edificio. La persona que recibe el golpe grita, se tambalea, aprieta los puños y pregunta: «¿Por qué a mí? ¿Qué he hecho yo para merecer esto? ¿Por qué no le ha ocurrido a otro? ¿Por qué no ha podido tocarle al vecino, al amigo, al enemigo? ¿Por qué me ha tenido que pasar precisamente a mí y no a ellos?».

Ese grito, cuyo eco llega hasta nosotros, lleva resonando dos milenios. Es el clamor de alguien cualquiera, es la queja airada de un hombre sencillo, común y corriente, al que de pronto, de la noche a la mañana, le sobreviene una desgracia. El primero del que guardamos memoria se llamaba Job y vivía en la tierra de Uz. Era un hombre rico, piadoso y temeroso de Dios, pero no más rico ni más piadoso que el resto y, sin embargo, Dios lo escogió para contender con el diablo, cargó sobre su espalda el peso de una terrible apuesta. Golpe tras golpe, la desgracia se abate sobre él, sin que él sepa por qué. Entonces, Job se yergue y pide cuentas a Dios. Un pobre hombre se rebela contra el destino y su denuncia sigue resonando después de veinte siglos. Cada generación la repite miles y millones de veces.

Joseph Roth ha querido volver a contar la eterna historia de Job. En su novela, Job no vive en la tierra de Uz, sino en Rusia; no tiene prados ni ovejas ni ganado, no posee riqueza alguna, no es más que un humilde maestro judío, «devoto, temeroso de Dios y normal y corriente, un judío como cualquier otro».[*] No es dichoso, pero tampoco desdichado; es piadoso, pero tampoco un fanático. Apenas tiene dinero, pero a él le parece bastante. No puede permitirse ningún capricho, pero de vez en cuando su mujer consigue ahorrar en secreto un rublo y lo guarda bajo la tarima de la única habitación que tienen. Ama a su mujer, aunque no apasionadamente. Tiene hijos, educados y prudentes, pero tampoco son unos santos. Su vida transcurre sin grandes sorpresas, una existencia monótona y rutinaria. Entonces,

---

[*] Joseph Roth, *Job*, trad. Berta Vias Mahou, Barcelona, Acantilado, 2007, p. 9.

el destino le señala con su dedo huesudo. Le nace un hijo que no aprende a hablar, que no se desarrolla como el resto de los niños ni en estatura ni en entendimiento, una criatura siniestra por su fragilidad, pero sagrada para sus padres. Su hija, una jovencita hermosa y apasionada, mantiene una relación secreta con un cosaco. El anciano resiste este primer embate del destino, con el corazón lleno de angustia. Sin embargo, el tiempo pasa y las aguas vuelven a su cauce. Uno de sus hijos hace fortuna en Estados Unidos y la familia se traslada allí. El joven tiene un buen negocio y cada vez prospera más. Llega a ganar quince mil dólares al año. Por primera vez, la familia del pequeño maestro de Zuchnow disfruta de una situación desahogada, incluso acaricia el sueño de hacerse rica. Entonces, el anciano recupera la alegría, aunque no sea una alegría desbordante, pues en su corazón sigue siendo un hombre modesto; el bienestar no le vuelve soberbio ni frívolo, de la misma manera que la pobreza no le convirtió en una persona medrosa y pusilánime. No se muda al barrio rico, como hacen los demás, prefiere permanecer en su cuarto de siempre, en una estrecha calle del barrio judío de Nueva York, donde lleva una vida sencilla, sin olvidar sus oraciones. Es un hombre sencillo, no tiene valor para ser feliz, pero al menos sí la fuerza suficiente para asumir su mediocridad y dar gracias a Dios por lo poco que posee.

El estilo de esta crónica es modélico. La sencillez con la que se narra la biografía y los efímeros sueños de este hombre resulta conmovedora. Sin embargo, los acontecimientos se precipitan y el final adquiere un tono épico, desgarrador, cuando el destino, igual que un bandido que acecha en el bosque, recorre las mil calles de Nueva York y entre las cien mil casas de esta gigantesca ciudad va a escoger precisamente la de esta persona sencilla, callada, la de este humilde anciano al que va a arrancarle el corazón mientras aún está vivo. Estalla la Primera Guerra Mundial. Uno de sus hijos cae en Rusia. Otro se alista en el ejército estadounidense y muere también en combate. Su esposa fallece. Su hija pierde la razón. Ni siquiera recibe noticias de su hijo pequeño enfermo, al que tuvo que dejar en Rusia en casa de unos amigos. La vara del destino silba en la oscuridad y va descargando golpe tras golpe sobre este anciano que no conoce la maldad. De la noche a la mañana se encuentra solo en un país extranjero, en una ciudad con millones de habitantes. Su vida, que ha ido levantando trabajosamente durante sesenta años, se derrumba en un segundo como un castillo de naipes. Entonces, su fe vacila. Tiene que expresar a gritos su dolor, tiene que acusar a alguien; y como no parece que haya nadie que tenga la culpa, grita contra Él, contra el responsable de todo, contra Dios. Igual que Job, en la tierra de Uz, levantó sus brazos cubiertos de pústulas y úlceras hacia el Todopoderoso, Mendel Singer, un humilde maestro de escuela ruso, que ocupa un cuarto en la parte trasera de un edificio del barrio judío de Nueva York, levanta su corazón contra ese Dios cruel y terrible. Quiere prender fuego a su devocionario y sus viejos labios temblorosos maldicen al Señor. En este punto, Roth sigue al detalle la escena de la Biblia: los amigos, espantados, rodean al blasfemo, tratan de refrenar su ira, pero él echa por tierra sus argumentos. En vano tratan de persuadirle para que espere un milagro. Y, sin embargo, el milagro sucede: el hijo perdido, en otro tiempo enfermo, llega de repente a Estados Unidos, se encuentra sano y en pleno uso de sus facultades, recoge a su anciano padre y ambos regresan al hogar. Como le ocurrió a Job, el viejo tronco caduco comienza a reverdecer. La cuerda del destino, que amenazaba con romperse de tan tensa, se afloja, recupera su armonía y apacigua el alma.

Estoy convencido de que la mayoría de los lectores se sentirán entusiasmados con la energía que Joseph Roth despliega en esta nueva novela. Temo, en cambio, que sólo unos pocos entendidos perciban la maestría con la que ha trabajado, su sencillez, su profunda ternura, ajenas a cualquier sutileza, a cualquier sentimentalismo artificial. El destino de este hombre, aparentemente anecdótico, se despoja de todo lo accesorio para dar protagonismo a lo esencial. Ningún arabesco perturba sus líneas decididas, resueltas, aunque nunca bruscas, que parecen inspiradas en las ilustraciones de William Blake para el libro de *Job*. El patetismo cede ante la naturalidad de una lengua que se pliega en todo momento a la voluntad del escritor, vibrando con el timbre claro y sereno de una canción popular. En lugar de leer, tenemos la oportunidad de experimentar el dolor del justo. Por una vez, no tendremos que sentir rubor por emocionarnos con una verdadera obra de arte que conmueve el corazón.

LA NUEVA OBRA DE FREUD,
«EL MALESTAR EN LA CULTURA»

A sus setenta años, una edad en la que, por lo general, el intelecto va perdiendo vigor poco a poco, Sigmund Freud sorprendió a propios y extraños con una obra que corregía y ampliaba su forma de entender el mundo, rematando su trayectoria científica con una cúpula artísticamente trabajada, que alberga su pensamiento metafísico (o, más bien, antimetafísico) sobre el hecho religioso (*El porvenir de una ilusión*, 1927). Ahora acaba de ver la luz *El malestar en la cultura*, una nueva obra, publicada por Psychoanalytischer, que entra de lleno en el terreno filosófico, demostrando una vez más la hondura y la diversidad de intereses de este espíritu riguroso e incorruptible, un libro necesario, original, que, como todos los suyos, creará polémica y provocará acaloradas discusiones. Lanzar preguntas al mundo, es decir, utilizar el método socrático para arrojar luz sobre determinados problemas ha sido, desde siempre, la especialidad de Freud, un ejercicio en el que combinaba talento y pasión. Es lo que sucede con este estudio, toda una sorpresa, que atraerá la atención de un público muy amplio.

¿Por qué el hombre actual no se siente bien en la cultura? Ésta es la pregunta que formula Freud. Ha alcanzado infinidad de logros, ha desarrollado su potencial hasta límites insospechados, se ha convertido—concepto genial—en el «dios de la prótesis» gracias a sus descubrimientos técnicos. Su oído llega hasta los continentes más remotos por medio del teléfono, su ojo escruta las estrellas más lejanas gracias al telescopio, su palabra viaja a la velocidad del rayo, recorriendo miles de kilómetros de distancia en un segundo a través de los hilos del telégrafo, y lo que en otro tiempo era fugaz queda grabado para siempre en los discos de gramófono. Detenemos los rayos, dominamos los elementos, conseguimos que una sala se inunde de luz sólo con chasquear los dedos; el hombre, ese bípedo implume, ha sometido la naturaleza a su voluntad. Ahora bien, a pesar de nuestro triunfo como especie, no tenemos la sensación de haber vencido, no nos sentimos auténticamente felices, al contrario, experimentamos un malestar, una misteriosa nostalgia que nos hace volver los ojos hacia el pasado, hacia una época primitiva, ¿por qué? Ésta es la pregunta a la que Freud pretende responder en la medida de lo posible, ya que un investigador tan cuidadoso y tan metódico como él sabe que no hay soluciones simples para problemas complejos, por eso, guarda prudencia y se dedica a analizar algunos de los componentes de este descontento, ahondando en el subconsciente del individuo. La conclusión a la que llega es que el poder y la seguridad de que gozamos en el presente han tenido como contrapartida una limitación de la libertad personal. La idea de Freud, que ya había expuesto en sus anteriores trabajos, es que la cultura y la ética forman una fina capa que cubre únicamente la parte más superficial del «yo», la conciencia; si queremos encontrar la esencia del ser humano, debemos buscarla en una masa mucho más oscura y elemental, el inconsciente, donde residen los deseos, las pulsiones, la morada de la indomable libido, que—así lo demuestran los sueños—se resiste a espiritualizarse, a sublimarse como hace el «yo», acostumbrado a aceptar los límites que le impone la sociedad. Con el paso de los siglos, el ser humano y la humanidad en su conjunto han ido controlando sus instintos más primitivos. La sexualidad, por ejemplo, no se circunscribía a una sola generación y a una sola pareja, no era bisexual, sino multisexual, pero tuvo que acomodarse a ciertas normas, como la que prohíbe el incesto, y poco a poco, a la fuerza, terminó asumiendo que el único trato carnal admisible es el que se mantiene dentro del matrimonio, con una sola persona del sexo opuesto, tal y como prescriben las normas estatales y religiosas. Lo mismo ocurre con el resto de los impulsos, como, por ejemplo, la violencia, prohibida por las leyes religiosas y morales. La persona, en su ser más íntimo, ese «yo» primitivo, siente que ha tenido que renunciar a sus pasiones más profundas. Era el precio que tenía que pagar si quería que imperasen el orden y la seguridad que tanto ansiaba. La consecuencia inmediata es «una insatisfacción que tiene su origen en el dominio de los instintos». La naturaleza anárquica y egoísta de los instintos constituye un secreto que hay que guardar celosamente; reconocerlo implicaría negar el orden sobre el que se asienta nuestro mundo. De ahí el malestar latente que se percibe en cualquier cultura, un misterio que Freud se ha propuesto desentrañar en esta obra (este hombre extraordinario siempre ha tenido un talento único para analizar lo inconsciente y lo semiconsciente). Sus páginas hacen un planteamiento espléndido del problema, aportando además numerosas pruebas para respaldar su tesis. Yo sólo me referiré a una. Parece que el gusto por la lectura tiene mucho que ver con la necesidad de compensar mediante la fantasía la insatisfacción que genera ignorar los propios impulsos. Hoy en día, los libros y el teatro promueven un espíritu rebelde, avivan el interés del público por lo que está fuera de lo normal. En el fondo, no es más que una estrategia para sublimar los impulsos violentos trasladándolos a la literatura bélica, para reprimir las tendencias anárquicas recurriendo a novelas policíacas o de detectives, como Sherlock Holmes, para mitigar el escándalo que suponen las conductas que se apartan de la sexualidad normal, la que se vive dentro del matrimonio, desarrollando todo tipo de estudios y teorías. Todo esto (una realidad que se esconde en lo más profundo del inconsciente) es un signo de que nuestra cultura oficial, moral, ordenada y pacífica ha enterrado nuestros instintos más primitivos. Los niños, mucho más sinceros que los adultos, pues aún no están sometidos al freno de la moral, suelen jugar a la guerra, a veces con una terrible crueldad, lo cual demuestra la «agresividad» de nuestro «ello», que se resiste con uñas y dientes a convertirse en un «yo» moral. En este vaivén entre el instinto primitivo y las exigencias sociales y éticas, afligido por la angustia que despiertan las normas externas, perdido en las negras sombras que proyectan en nuestro interior, en la conciencia, el hombre de cultura malgasta gran parte de su fuerza y, según Freud, esto le impide disfrutar de una felicidad plena, sin reservas. A veces advierte que la «cultura» está restando fuerza a su libido, a sus deseos más íntimos, y entonces experimenta ese malestar que en unos casos se manifiesta en forma de neurosis y en otros se convierte en un estímulo para responder a las exigencias del mundo con un heroísmo trágico.

¿Cómo remediarlo? Freud no responde a esta pregunta. Entiende que su tarea, la del psicólogo, consiste en formular preguntas, no en responderlas. Es un intelectual riguroso y honesto, que se ciñe a los datos objetivos y desconfía de todo lo que no se puede demostrar o verificar. Es cierto que examina algunas de estas pulsiones, por ejemplo, la de muerte, a la que da el nombre de Thánatos, en contraposición al Eros, pero, como no tiene evidencias que avalen su teoría, prefiere dejarla en el terreno de las hipótesis. Conmueve ver cómo este hombre, un investigador solvente, una autoridad en su campo, donde todo el mundo acata sus juicios, rotundos, tajantes, muestra la máxima prudencia en sus excursos filosóficos. ¡Qué nobleza, qué insólita humildad reconocer que «sabe poco de estas cosas» o que teme «decir lo que todo el mundo sabe»! ¡Qué honestidad terminar su libro admitiendo que brindará al lector poco consuelo! Lo cierto es que estamos cansados de que nos consuelen, de que nos intenten convencer de que nuestra vida es sencilla, cuando no lo es. Un diagnóstico certero, por duro que sea, es mejor que toda esa palabrería blanda como la mantequilla. La psicología ha sondeado uno de los abismos más sobrecogedores para el hombre contemporáneo, un problema sin solución, pero ¿qué problema merece tal nombre si se puede resolver? No es una cuestión de optimismo o pesimismo. Ya han pasado los tiempos en los que las academias convocaban concursos para premiar a quien argumentara a favor o en contra del progreso como instrumento para mejorar al ser humano. Desde luego, Jean-Jacques Rousseau no obtuvo el reconocimiento general por su carácter conciliador. Es la dureza, la objetividad y la independencia con que Freud plantea sus tesis lo que nos anima a reconstruir el curso de su pensamiento con la misma seriedad y el mismo rigor. Su trabajo, que aquí nos hemos limitado a esbozar en sus líneas fundamentales, es radical, estimulante, innovador. Sigmund Freud no es sólo un psicólogo genial, sino todo un pensador, concienzudo y con una amplitud de miras asombrosa. Aquellos que le reprochaban su obsesión por lo sexual tendrán que reconocer que sus aportaciones rebasan los límites de la psicología para iluminar prácticamente cualquier ámbito de la producción intelectual.

«DISCURSO Y RESPUESTA», DE THOMAS MANN

Para apreciar la posición que ocupa Thomas Mann en la literatura moderna, una posición prominente, yo diría que incluso privilegiada por el respeto y la confianza de que goza entre el público, basta con fijarse en la acogida que está teniendo su último libro, una obra que nos habría parecido prematura y, en cierto modo, pretenciosa si la hubiera escrito cualquier otro, se ha convertido en un éxito que causa sensación sólo porque viene de él; todos la esperábamos con impaciencia y la verdad es que ha tardado en llegar, por eso, ahora que por fin se ha publicado, nadie quiere quedarse sin su ejemplar. *Discurso y respuesta* (Berlín, S. Fischer, 1921) no es un libro que obedezca a una necesidad concreta, en el que se aprecie una unidad. Recopila materiales muy diversos, con escasa relación entre sí, y en este sentido es un libro atípico, un libro que no lo es. Parece más bien el legado de un autor, una de esas publicaciones que zurcen los filólogos recopilando artículos, entrevistas y declaraciones en prensa, tratando de poner orden en un material disperso que abarca varias décadas. El propio Thomas Mann habla de «textos casuales», lo cual nos da una idea de su carácter.

Se trata de una invitación para mi círculo más íntimo, de un libro para los amigos de toda la vida, si lo puedo decir así, para aquellos que están familiarizados con mis intereses culturales y personales, y podrían disfrutar descubriendo en esta obra secundaria, anecdótica, algunas claves que les permitan comprender mejor mi literatura y mi persona.

El autor apela, modestamente, a la curiosidad de amigos y extraños para justificar la publicación de estos textos. No hay que darle más vueltas. El eje alrededor del cual gira este hermoso libro es el propio Thomas Mann. Esto, ¡bien lo sabe Dios!, basta para convertir el suceso más trivial en algo sublime. Lo mismo se puede decir de su forma. La soberbia prosa de Mann, forjada de acero, define un estilo por sí misma. Para nosotros, que compartimos el mismo empeño que él, supone un auténtico placer, una ocasión para disfrutar de su arte e incluso un reto deportivo. Con semejante riqueza expresiva, el tema es secundario. Cualquier objeto, hasta el más insignificante, adquiere un asombroso relieve por el material que se utiliza para representarlo y por el tratamiento que se le da. Si este libro hubiera recogido documentos privados, textos de la vida cotidiana, como una carta de recomendación para una sirvienta a la que se ha despedido, un recurso de reposición contra un impuesto o una nota para una editorial, tendría el mismo valor, al menos para mí, por su maestría, por la precisión con la que formula cada idea—un rasgo que no obedece únicamente a la inspiración artística, sino que hunde sus raíces en el *ethos* personal—, un incentivo irresistible que no depende del uso práctico, especializado o estético del texto. Hasta lo más superficial se vuelve profundo cuando es él quien le da forma. Sus escritos privados siguen siendo pequeñas obras de arte, tan estimables como los certificados, las notificaciones y los decretos que redactaba Gottfried Keller cuando ejercía como escribiente. En el fondo, la prosa de Thomas Mann jamás es privada, aunque lo pretenda. Cualquier apunte, el más improvisado, es un ejemplo de responsabilidad moral y de talento artístico. Aunque se ciña a lo formal, siempre esconde un contenido.

Considerarlo, como hacen tantos críticos, tal vez demasiado entusiastas, el mejor prosista de la literatura moderna me parece aventurado, pues la valoración de su obra, inspirada por un espíritu que sopla en todas las direcciones, no es una cuestión de grado, sino de matiz. Con todo, debo reconocer que es el más viril, el más objetivo, el más conceptual y, si equiparamos alemán con protestante, responsable y consciente de su deber, también el más alemán de los prosistas contemporáneos. No juega con imágenes, sino que las crea; no describe, sino que escribe; no canta, sino que habla; no eleva el objeto, sino que le otorga la medida exacta. Su precisión, su objetividad recuerdan la «sagrada sobriedad» de Hölderlin, el poeta del éxtasis, que soñaba con encontrar su polo opuesto. Su energía y su rigor, su apasionado compromiso son valores que no tienen que ver con la costumbre, no proceden del exterior, sino del interior, se adquieren gracias a la rectitud moral y al ejercicio de la voluntad. La sinceridad de esta prosa, esto lo percibe cualquiera, hasta el menos versado en cuestiones artísticas, emana de un carácter: en un texto de Thomas Mann no hay nada que se pase por alto, nada que no sea exacto, nada aproximado, nada sobre lo que se guarde silencio, nada que se oculte cobardemente, todo es determinación, rectitud e integridad, todo es diáfano, no queda lugar para la interpretación, para la conjetura. Su prosa rechaza el *raisonnement*, la palabrería insustancial, los rodeos, siempre va directa a la cuestión y la desarrolla hasta el final, con todas sus consecuencias. Por eso, sus frases tienen ese carácter rotundo e indiscutible, se revisten de la misma solemnidad que los versos de un poema, que, apenas escritos, se fijan con una precisión cristalina, con la voluntad de perdurar para siempre. Al mismo tiempo, su material duro, templado al fuego, no deja de ser flexible; comparten, en este sentido, el secreto del mítico acero forjado en Toledo.

La solidez, y no la rigidez, caracteriza su estilo. Los conceptos que maneja son sensibles al cambio, reflejan el movimiento, pero, al mismo tiempo, responden a una ley superior que les da forma. El escritor ha fortalecido sus músculos, ha ejercitado su cuerpo en la palestra, su estilo, hermoso, viril, recuerda al ideal griego; el trabajo más arduo se afronta como si fuera un juego, la desnudez se vuelve natural, se santifica. Su estilo es ágil, avanza con decisión, se lanza al combate y lucha denodadamente, jamás se fatiga, es imparable; su vista es aguda, su mano, firme, siempre da en el blanco. Arte fuerte, fuerza artística (¡divina unidad!); el joven se hace hombre, su belleza es soberbia. El ritmo de la frase es acompasado, aunque, como es obvio, no llega a ser tan musical como el de su principal competidor en prosa, Hofmannsthal, un estilista que conoce bien la magia de lo femenino y saca partido de ella jugando con el volumen, dibujando líneas suaves, voluptuosas, mostrando la carnalidad ardiente, aromática, dulce, pujante, fructífera de la palabra, con períodos fluidos, sublimes, melodiosos. En Thomas Mann, el arte es disciplina y la disciplina, arte.

En esta prosa magistral destaca la manera de formular las ideas. En cierto momento, Thomas Mann dice que el verdadero logro del arte es «expresar una idea victoriosamente». *Victoriosamente*, un término que ilustra a la perfección la lucha de la palabra por conquistar las cosas, los años de preparación, el esfuerzo, la estrategia, la posición, la perspectiva, el discernimiento necesarios para apuntar al corazón de la realidad y lanzar una flecha certera que garantice el triunfo del concepto. *Victoriosamente*, sí, ésa es la palabra correcta, la única que describe de manera adecuada el nervio, el vigor de la prosa de Thomas Mann. No coquetea con el intimismo, no apela a una armonía preestablecida, sólo cree en el impulso honesto, planificado, decidido, desesperado incluso, desplegando una energía inagotable, en un combate duro, sin tregua, que exige una tensión permanente con el fin de acercarse al objeto. El objeto, la cosa, es el enemigo al que hay que vencer, porque no accede a objetivarse, no se somete al dictado del autor, no se sujeta al yugo de la palabra. Hay que desarmarlo, dominarlo y someterlo. Thomas Mann nunca ha sido un pacifista, ni en lo referente a la política ni en lo que atañe al estilo.

No es un pacifista, eso está claro. Llama la atención su forma de abordar el tema cuando escribe un ensayo. Es como si lo retara a un duelo. Se enfrenta a él cara a cara, toma una posición y la defiende a capa y espada, sus nervios se tensan, su mirada apunta directamente al objetivo, no pasa nada por alto, ni siquiera cuando el asunto invita a una amorosa contemplación. Jamás cambia de postura; esto hace que su actitud sea algo rígida, que su perspectiva se limite en cierta medida, pero, por otra parte, este estatismo imprime carácter y da a sus juicios un aspecto plenamente personal. La referencia para sus análisis no es el cosmos, sino él mismo; no contempla la realidad a partir de una esfera de valores absolutos, sino *à travers son tempérament*. Puestos a definir sus ensayos por contraste, habría que recurrir una vez más a Hofmannsthal, el otro gran ensayista literario. Éste concibe el mundo como una enorme red en la que todos los objetos están vinculados entre sí, tienden puentes incluso con los que se encuentran más alejados, se rodean de otros que refuerzan su identidad individual. Todas sus observaciones parten de un espacio imaginario, absoluto, invisible, nunca de su propia persona. Se sumerge en el fenómeno, mientras que Thomas Mann se enfrenta a él impasible, dispuesto a retenerlo por fugaz que sea, afirmando y negando, sin dejarse llevar por los sentimientos, manteniendo siempre el mismo criterio, rechazando valerosamente los ataques del enemigo, sin retroceder jamás, entablando una contienda abierta en la que perseverará hasta conseguir el triunfo.

Por eso, en los ensayos de Thomas Mann se da lo que Goethe llama la «prevalencia del sujeto sobre el objeto». Aunque el libro ofrece estudios magistrales sobre Fontane, Federico el Grande, Chamisso, Heine o Keyserling, si vamos al fondo, descubrimos que su único tema es Thomas Mann. Todos estos objetos no son más que un pretexto para profundizar en el sujeto. No son más que un fondo para que éste destaque con más fuerza; de hecho, llega un punto en que se vuelven transparentes y desaparecen. Todo lo que se dice sobre ellos es cierto y se expresa con una agudeza insuperable, pero lo más importante, aunque no lo parezca, es el sujeto enunciador: Thomas Mann. Los trazos con los que perfila cada retrato son una forma de completar el suyo. Sus reflexiones no se centran tanto en el objeto como en su propia persona. El fuego que arde dentro de ellos no es el suyo propio, sino un reflejo del que inflama al autor. Su figura se fragmenta y se dispersa en decenas de temas, todos diferentes, y aunque suene paradójico, es precisamente así como se completa, como se redondea. La mejor manera de componer una imagen de su propio yo es enfrentarse al mundo. En ninguna de sus obras se ha hecho tan evidente como en ésta, que, por su carácter espontáneo, improvisado, ofrece semblanzas autobiográficas insuperables, cuadros en los que se percibe perfectamente el ambiente familiar, como ocurre en *Amo y perro* o el *Canto del niño pequeño*.

La plasticidad de este autorretrato que no aspiraba a serlo, este «egocentrismo» literario—por utilizar el concepto que emplearía Stendhal—es el mayor encanto de *Discurso y respuesta*. También es cierto que la personalidad de un autor resulta más atractiva cuanto más inabarcable se muestra. Thomas Mann ha querido captar la esencia del hombre y, para ello, ha empleado una fórmula que cualquiera puede aplicar: se llama responsabilidad. En su caso, esta virtud burguesa, hermana del deber, roza el fanatismo o, si se prefiere, la gazmoñería, convirtiéndose en un verdadero martirio, en un lastre, en una inclinación casi patológica. La pasión del artista se vicia y de ella se desprende algo demoníaco, aunque su aspecto sea totalmente sano. No es una pasión deshonesta, sino una voluntad fría, pudorosa, en cuyo interior late una fuerza irresistible que le lleva a rechazar lo complejo, lo difuso, lo nebuloso, lo arbitrario, lo gaseoso, tanto en la realidad como en su prosa, que continúa puliendo hasta que adquiere una forma pura, transparente, cristalina. Esa naturaleza, aparentemente en reposo, se encuentra en un continuo proceso de decantación, de destilación. Cualquier estructura, da igual lo sencilla que sea, que resulte vaga o que no esté bien definida, cualquier concepto, cualquier problema que no pueda verbalizarse y someterse al orden del discurso, suponen un reto para su fino sentido del orden, la falta de claridad hace que sus nervios se estremezcan y, para aplacarlos, tiene que pronunciar algún juicio (lo cual pone en marcha un proceso artístico que culmina con una manifestación crítica). Resulta obvio, por ejemplo, que a Thomas Mann le preocupa profundamente la función social y política del artista dentro del Estado. La perspectiva de un sistema sin clases, la tensión que existe entre el orden burgués y el espíritu anárquico, la zona de penumbra que media entre uno y otro ámbito, la conciencia de que el escritor se sitúa precisamente en esa tierra de nadie, le generan un evidente malestar. Le gusta-

ría saber que el artista tiene un puesto reservado en el *Reich*
alemán, saber exactamente qué lugar ocupa dentro de la sociedad, ya que, hasta ahora, su situación es incierta, pende en el vacío como el sarcófago de Mahoma en la Kaaba,
oscila entre el cielo y la tierra, entre el orden y la anarquía.
No hay ningún autor en el que se perciba con mayor nitidez esta inquietud. Este fanático de lo concreto, de lo co-
rrecto, de lo preciso, de lo nítido sufre una conmoción casi
física cada vez que pierde pie en la realidad. Por eso aboga
por una dignificación, por un reconocimiento de la literatura, y así le parece que un doctorado *honoris causa* (que,
desde mi punto de vista, ha perdido todo su valor como reconocimiento intelectual después de que se le haya conce-
dido a archiduques, fabricantes de armamento y generales
que resultaron vencidos) o la institución de una academia
son instrumentos adecuados para alcanzar esta meta, porque aprecia los símbolos que representan un orden. Esta
herencia burguesa—que reconoce abiertamente y de la que
se siente orgulloso, aunque muchos le critiquen por ello—,
combinada con un talento artístico inocente y apasionado,
dan a su persona un encanto incomparable. Nos encontramos con una conciencia a dos niveles, lo que no es lo mismo
que una conciencia dividida. En este caso, la dualidad obedece a las dos caras de una verdad que en su ser más íntimo
tiene una naturaleza única. El impulso original que inspira su obra—responsabilidad y obsesión por el orden—se
proyecta en direcciones opuestas, hacia la vida y hacia el
arte, y adquiere, por lo tanto, dos formas divergentes, pero
que comparten la misma intensidad, el mismo radicalismo.
La necesidad de orden, propia de la moral protestante, y la
conciencia de clase del burgués alemán, tan acentuada en
Thomas Mann, confluyen en una literatura que se caracteriza por su objetividad y su precisión. El hecho de que arte

y vida sean ámbitos distintos y, al mismo tiempo, complementarios tampoco tiene por qué sorprendernos. Los matemáticos aseguran que la aritmética, esa disciplina sobria, precisa, sometida a la servidumbre de los cálculos cotidianos, cambia por completo cuando gana abstracción y entra en la esfera intelectual, en la que goza de una prodigiosa libertad, allí, apartada de lo terrenal como la música, derrocha fantasía y embriaga los sentidos. Tal y como demuestra Thomas Mann y como lo demostró Kant antes que él de una manera aún más grandiosa, si es que esto es posible, la conciencia del deber prusiana, que la burguesía ha hecho propia, no tiene por qué ceñirse a lo militar ni a lo convencional, tiene una vertiente abstracta sugerente, estimulante, arrebatadora. Cuando se eleva por encima de cierto nivel, hasta lo más elemental se vuelve fecundo para el genio.

La prosa apasionada, imaginativa, de Thomas Mann se abre paso hasta llegar al concepto que subyace en cada uno de estos artículos, que aparecieron en unas circunstancias muy concretas. Su valor estriba en la distancia que media entre el autor y el objeto, una magnitud que puede describirse asumiendo los fundamentos de la geometría euclídea. Cada uno de estos artículos vendría a ser un hito colocado por el escritor para señalar determinado fenómeno. Al final, esa sucesión de hitos forma un muro que lo rodea. Da igual el fenómeno que uno contemple a través de sus ojos, siempre se encuentra en el centro, un centro único e inamovible que podemos utilizar como referencia para levantar un edificio, para eso nos ha proporcionado medidas y niveles, dentro del cual nos sintamos seguros. El discurso con el que se construye no tiene por qué ser amable, no surge del amor hacia el otro, todo lo que se dice remite al sujeto, son palabras que se pronuncian por y para él. Parece lo más natural, teniendo en cuenta que estamos ante un ensayo. No hay nada extraordinario en que el autor exprese su propia opinión. Ahora bien, lo difícil es identificar con claridad—sin sombra de duda—y expresar abiertamente—sin reservas—lo que se quiere decir. Una opinión que no sea falaz, sino acertada; que no sea parcial, sino categórica. Eso exige que la conciencia se mantenga alerta, que la responsabilidad permanezca vigilante como el Cancerbero, que se desconfíe por principio de cualquier sentimiento, que se ejerza un dominio constante sobre uno mismo; en suma, exige que el hombre dedique toda su vida y ponga toda su pasión en esta empresa. Esto sí es extraordinario, porque exige heroísmo. No es habitual mostrarse tal y como uno es, ponerse en juego y convertir la vida en una obra de arte que perdure en el tiempo. Este dominio de la subjetividad que tanto preocupa al artista y que suele confundirse con egoísmo es lo que tenía en mente Goethe cuando escribió: «¡El arte para crear cosas se confunde con el egoísmo!». También Thomas Mann parece estar a la defensiva, cuando subraya su derecho a ser él mismo, a renunciar a la imaginación, a rechazar las invenciones y a centrarse en sí mismo, en sus experiencias. Cuando se trata de arte, el método que se sigue no importa tanto como la obra que resulte. Como le ocurrió a Flaubert, Thomas Mann ha pagado la calidad de su producción literaria con una merma en el número de publicaciones, ha mantenido su independencia y su integridad a costa de renunciar a la simpatía de una parte del público. El horizonte ante el que nos sitúa este libro, que tiene mucho en común con las *Consideraciones de un apolítico*, se podría comparar con el panorama que podríamos observar en un día luminoso desde la cumbre de una montaña con unas vistas maravillosas, pero desde la que sólo es posible observar una parte del valle. Lo normal es que echemos de menos contemplar el paisaje a vista de pájaro, abierto en todas las direcciones, planear sobre la tierra, vagar sin rumbo dejándonos llevar de un lado a otro. Sin embargo, en este caso, nos encontramos sobre una roca con un carácter férreo, sublime, una cumbre que, en los días de tormenta, es azotada por el viento de Sils Maria, un espacio con aire puro, donde se respira libremente, y uno puede disfrutar del paisaje que se domina desde esa altura, sabiendo que más allá habrá otros picos desde los que tendrá otra perspectiva con la que completar su imagen del mundo.

«CARLOTA EN WEIMAR», DE THOMAS MANN

En estos días de angustia [1939], cualquier alegría se agradece doblemente. Es lo que ocurre con la nueva novela de Thomas Mann, *Carlota en Weimar*, que hemos recibido con una enorme satisfacción tanto por su altura intelectual como por su calidad artística, una obra maestra, tal vez la más lograda de las que ha escrito, con permiso de *Los Buddenbrook*, *La montaña mágica* y la épica *José y sus hermanos*. Cerrada, perfecta y con una pureza en el lenguaje que no habíamos visto hasta ahora, me parece que *Carlota en Weimar* supera todo lo anterior no sólo por su estética, sino también por la juventud que atesora, con un estilo brioso, que domina lo indómito con suma habilidad, como si se tratase de un juego, y mezcla un discurso ampuloso, noble, con una sabia ironía, una combinación que sorprende, aunque se trate de Thomas Mann. En estos siete años, la Alemania de Hitler ha producido una literatura ramplona y servil, de un nivel paupérrimo; ahora, desde el exilio, nos llega un libro que compensa tanta desolación con una profundidad asombrosa y un gusto exquisito.

De entrada, el argumento de esta novela no parece demasiado prometedor, ya que parte de un suceso que daría a lo sumo para un relato breve. A primera vista tiene todo el aspecto de un *aperçu* de carácter histórico y literario. Carlota Kestner, la que fuera Carlota Buff, la joven amada por Goethe, la inolvidable Carlota de *Werther*, no puede resistir la tentación, al cabo de cincuenta años, después de medio siglo, de volver a ver al escritor, el Teseo de su juventud. A esta dama, una anciana que con el paso de los años ha ido perdiendo belleza y ganando sabiduría, se le ocurre la deliciosa locura de volver a ponerse el vestidito blanco con la cinta rosa que aparece en *Werther* y presentarse así ante su amor de juventud, ahora consejero de Estado, distinguido con todo tipo de condecoraciones. Para él, el encuentro resulta incómodo, violento; ella lo vive entre conmovida y decepcionada. Después de tanto tiempo, prácticamente media vida, la situación tiene un carácter irreal, ilusorio. Ahí acaba todo. Una anécdota tan sutil como una gota de rocío, pero que, como ella, se llena de color y de fuego cuando la atraviesa un rayo de luz.

En cuanto Carlota Kestner llega a Weimar y se inscribe en el registro de viajeros, la pequeña ciudad se convierte en un hervidero de rumores. Una tras otra, todas las personas que forman parte del círculo de Goethe acuden a visitarla. No importa cuáles sean los derroteros por los que discurra la conversación, siempre terminan hablando de él y de la atracción que ejerce sobre quienes le rodean, un hechizo que vence cualquier resistencia, que allana cualquier vanidad. Poco a poco, sumando todos estos testimonios, va surgiendo una imagen de Goethe con innumerables facetas, como si nos encontrásemos en una galería de espejos y él ocupase el centro. El relato es tan fiel a la verdad y nos acerca tanto al hombre que casi podemos sentir su aliento. No conozco ninguna novela que haya alcanzado semejante nivel de realismo, sin renunciar al espíritu. En lugar de cerrar los ojos ante los detalles triviales, propios de nuestra dimensión material, éstos se recogen con el máximo cuidado y se iluminan con una luz deslumbrante, que los envuelve con su fulgor y consigue que se desvanezcan, dejando únicamente la sustancia que está detrás del fenómeno. La novela plasma esa realidad plásticamente. Asume con valentía el reto que supone construir una figura de dentro afuera. Cada movimiento, cada gesto, cada matiz contribuyen a crear una imagen viva, hasta tal punto que, por profundo que sea el conocimiento filológico de uno, no logra distinguir las citas de la elaboración literaria. El relato biográfico, insoportable cuando se idealiza, se maquilla y se falsea, alcanza aquí, por primera vez, su pleno desarrollo artístico; la figura de Goethe, de esto estoy seguro, pasará a las futuras generaciones gracias a la sublime imagen que ha creado Thomas Mann.

Ningún elogio me parece exagerado para esta obra, donde la pericia artística se convierte en toda una ciencia, donde el dominio de la expresión, que va acomodándose a la realidad que representa en cada momento, salva cualquier dificultad, por grande que sea. En el futuro se recordará como algo absurdo que este libro, tan alemán, el mejor y el más perfecto que se ha escrito desde hace años en nuestro idioma, se prohibiera nada más publicarse y quedara vetado para ochenta millones de alemanes. Si no pensáramos en nuestros compatriotas, experimentaríamos un perverso placer sabiendo que somos de los pocos que tienen el privilegio (un amargo privilegio, sin duda) de poder leerlo en lengua alemana, la única en la que se puede apreciar todo su valor (me temo que cualquier traducción hará que pierda gran parte de su encanto, pues será muy complicado recoger las sutilezas, las discretas alusiones, las perspicaces referencias que se asoman a sus páginas). Además de ser una obra de arte admirable, la novela es una prueba indiscutible de que el exilio no tiene por qué nublar y empobrecer el alma del escritor, también puede servir como acicate para su creatividad. Deberíamos sentirnos afortunados por poder disfrutar de esta obra justo ahora, no como aquellos que han permanecido en la Alemania de Goethe, en el exilio interior, y que ni siquiera contarán con su consuelo para sobrellevar las amarguras de la guerra.

DOS NOVELAS HISTÓRICAS
(«EL CONQUISTADOR», DE RICHARD FRIEDENTHAL, Y «ALEJANDRO», DE KLAUS MANN)

La casualidad ha querido que dos jóvenes novelistas alemanes, dotados de un extraordinario talento, se hayan inspirado en dos de las campañas militares más sorprendentes de la historia y hayan escogido como tema de sus últimas obras a los héroes que las protagonizaron: Richard Friedenthal se ha fijado en Hernán Cortés para escribir *El conquistador* (publicado en Insel) y Klaus Mann, autor de *Alejandro* (editado por S. Fischer), se centra en la figura del conquistador macedonio. Es una feliz coincidencia, porque sus relatos nos permiten reflexionar sobre la novela histórica como género y sobre el tratamiento que da a los grandes personajes del pasado. Quien conoce la historia y se apasiona por ella suele acercarse con recelo a este tipo de narrativa de corte épico, pues las grandes figuras no necesitan que un escritor añada poesía a sus hazañas, el plasma de su vida tiene energía suficiente para hacer que su biografía deslumbre por sí sola. Por otra parte, la experiencia nos dice que es raro que este tipo de obras aporten algo nuevo a los hechos o a los caracteres. El lector da por sentado que van a presentarle una imagen edulcorada de la historia dibujada con trazos gruesos, un relato en el que se entremezclan episodios sentimentales, para que el público, generalmente estreñido, lo digiera mejor, al tiempo que le proporciona un héroe a quien dar culto, un modelo al que emular. Pocas veces nos encontramos con algo diferente, con una obra inspiradora que nos permita cultivarnos, que envuelva al personaje en una atmósfera lírica. Es lo que ocurre con estas dos novelas históricas que, a partir de un género híbrido, han logrado crear algo único y puro.

Los dos autores han seguido métodos opuestos para trabajar la novela histórica. Richard Friedenthal escribe (pido al lector que preste atención a la cursiva) una novela *histórica*; Klaus Mann, una *novela* histórica. El primero parte de un hombre y desemboca en la historia; el segundo parte de la historia y desemboca en un hombre. Para Klaus Mann, Alejandro es el símbolo de la efervescencia juvenil, del hombre apasionado, irreflexivo, vehemente, que se deja guiar por sus impulsos, que lucha con todas sus fuerzas, que se arroja a todos los excesos, para alcanzar una obra eterna que parecería irrealizable. Su Alejandro lo quiere todo, antes incluso de saber auténticamente lo que quiere. Desea subir a lo más alto, ser semejante a los dioses, llegar hasta los confines del mundo, acumular poder; y, al mismo tiempo, experimenta otra fuerza igual, en sentido contrario, que le arrastra hacia abajo, que le obliga a volverse hacia adentro, hundiéndole en un profundo abismo, empujándole a la autodestrucción. Klaus Mann concibe a Alejandro como una fuerza elemental, un fenómeno de la naturaleza grandioso y sorprendente, enigmático e imprevisible, rebosante de energía, expresión de una voluntad capaz de llegar a las cumbres más elevadas o de descender a los abismos más profundos. Esto explica que los ropajes históricos que cubren su figura sean tan sueltos y que, en ocasiones, cuando la tempestad arrecia, pierda sus vestiduras y podamos ver al hombre desnudo, herido, o que, en otros momentos, tengamos la impresión de encontrarnos ante un personaje que acaba de vestirse a toda prisa para salir a escena a representar su papel. En realidad, que su protagonista se llame Alejandro, que marche al frente de los macedonios, que cruce el río Indo, que luche con las amazonas o que hable con la divinidad es irrelevante; podría llamarse Aquiles o Alcibíades o Bonaparte y no habría diferencia alguna, lo que importa es su juventud, el entusiasmo que irradia y que comparte con los muchachos de hoy, con la generación de Klaus Mann; por eso, la lengua que hablan Alejandro y los suyos no se corresponde con la que deberían usar de acuerdo con la época en la que se encuentran; se expresan, más bien, como lo haría un joven de 1920. En vez de replicar la lengua de la época, recurriendo a los historiadores griegos, un trabajo arduo y pesado, Klaus Mann prefiere representar la vitalidad, el entusiasmo y la fuerza sin límites de la eterna juventud, y no cabe duda de que lo consigue. Desde la primera página sentimos el ímpetu de su prosa, que fluye a borbotones, que gira en remolinos, salpicándonos de espuma; el horizonte se llena de movimiento y de luz. El autor huye del tono épico, de las descripciones homéricas, en un poema heroico que la generación anterior, la del año 1880, habría escrito en yambos, perfectos para un drama tectónico, para una tragedia en cinco actos. La juventud de hoy, en cambio, a la que Klaus Mann representa perfectamente con su audacia y su talento, brilla por su fulgurante inteligencia, por sus ganas de vivir, por su impetuosa energía, se opone, con buen criterio, a cualquier disfraz, a cualquier adorno que oculte la verdad; se acerca al pasado histórico como a un país exótico (es como si Klaus Mann hubiera ambientado su relato en Honolulu); está hastiada del inmovilismo y de las trabas de la política, del aburguesamiento y de la esquematización de nuestro mundo en pasado y presente, busca emociones intensas que le permitan elevarse por encima de una realidad asfixiante, y, en este sentido, Alejandro se convierte en una figura enormemente atractiva, un asidero al que aferrarse para seguir a flote. Cuando el resto de los manantiales se agotan, la imaginación creativa sigue derramándose en torrentes cuyas aguas fecundan el alma del artista, que entonces revela extasiado toda su inteligencia. Esta obra primeriza de Klaus Mann da muestras de un talento desbordante. Huye del esnobismo, de la vanidad; tal vez la soberbia que ciega al protagonista de su novela le ha puesto en guardia frente al engreimiento y, por eso, escribe con humildad, doblegando el orgullo. Serio en sus planteamientos, agudo en los diálogos, consciente de las sombras que envuelven el alma de los hombres y con una gran imaginación a la hora de recrear cualquier escena, este libro de Klaus Mann destaca tanto por su riqueza literaria como por su calidad humana.

Richard Friedenthal, cuyos relatos le han acreditado como un narrador fuera de lo común, no desea construir un mito. Su propósito es recrear la historia de una manera plástica, inolvidable, pero también seria y rigurosa. Su Hernán Cortés no responde a la imagen que suelen transmitir los libros escolares: un hombre audaz, una especie de *desperado* que quema sus naves para no dar ni un paso atrás y conquista un imperio con ciento sesenta hombres mal pertrechados. La novela de Friedenthal muestra la verdad, terrible y conmovedora, de un hombre que se enfrenta a una chusma descontrolada, cínica, sin la menor disciplina, formada por mercenarios, delincuentes, bribones, buscadores de oro y prostitutas; un hombre que lucha contra las presiones del poder político; un hombre confrontado también con su propia conciencia, testigo de la destrucción de los pueblos precolombinos, con una cultura distinta de la europea pero sumamente valiosa; un hombre que sufre por la depravación de sus compañeros. El retrato de Cortés que ofrece Friedenthal no es nada complaciente: un conquistador duro, frío, obstinado, en cuya oscura sangre bastarda se mezcla una gota de desengaño, de amargura, que le da cierta nobleza frente a sus envilecidos compañeros. Se nota que el propio Friedenthal estuvo cinco años en la guerra. Nadie puede describir el cansancio, la ira y la desesperación que se viven en un campamento militar, sentimientos que se mezclan con el ardiente deseo de lanzarse a la batalla, si no ha tenido que pasar meses cuerpo a tierra, si no sigue percibiendo el hedor de las trincheras, que se mete para siempre debajo de la piel. A ello se suma un profundo conocimiento de la historia, que sorprende por la exactitud de los detalles que nos esperan en cada nueva página: el atuendo de un inca, el camarote de un barco, el equipo de un soldado, el aparato de justicia, el sistema político, todo se recoge con una plasticidad y una exactitud, pero también con una sensibilidad, que cuesta encontrar en la novela histórica. La acción avanza hacia la meta, con paso lento, pero inexorable, acompañada por el ruido de las espadas, respetando estrictamente la lógica de los hechos. Friedenthal no inventa nada, se limita a iluminar los acontecimientos con una luz nueva. El desfile de tropas, el encuentro con Mariana, la captura de Moctezuma, el regreso de Cortés a España cobran vida ante los ojos del lector. La grandeza de los hechos, la fidelidad a los documentos históricos convierten esta novela en una de las más memorables de la épica alemana.

Parece que, en el arte, cualquier método es bueno si arroja unos resultados satisfactorios. Klaus Mann forja la historia a fuego, le da forma y luego la deja enfriar. Richard Friedenthal trabaja en frío, como el picapedrero, con maza y cincel, pulgada a pulgada, detalle a detalle, para crear una imagen plástica. Ambos son espléndidos narradores, jóvenes artistas que han procurado un lugar propio para Alejandro Magno y para Hernán Cortés en la narrativa alemana, un logro del que nuestras letras pueden sentirse orgullosas.

EL LIBRO COMO
IMAGEN DEL MUNDO

Desde hace miles de años, el espíritu del hombre ha aspirado a crear una imagen del mundo lo más completa posible. Para ello, al principio, bastaba con que los sentidos se volcasen hacia el exterior. Los griegos conocían su paisaje, sus monumentos, sus escritores y sus artistas de primera mano. El pasado histórico apenas abarcaba un par de generaciones, la lengua contaba con un reducido número de palabras y las leyes que había formulado la ciencia estaban al alcance de cualquiera. En todo caso, aquel conocimiento no puede compararse con el del ciudadano medio de hoy en día: puede que un ayudante de imprenta, un maestro de escuela, un conductor o un dependiente sepan más que un erudito griego, en términos absolutos, pero no tienen su talento creativo, una cualidad que le permitía sacar conclusiones audaces, geniales, examinando un conjunto de datos relativamente reducido. En aquella época, los pensadores daban por supuesto que su conocimiento era «universal». La inteligencia comprendía todas las ciencias, la mente era una síntesis de la sustancia del mundo.

La aparición del libro impreso trajo consigo una gigantesca ampliación de la realidad. Aunque se ha repetido miles de veces que la invención de la imprenta resultó decisiva para el desarrollo intelectual de la humanidad, nadie ha descrito aún cómo afectó esta innovación técnica, aparentemente sencilla, al modo de pensar del ser humano. Tal vez la estadística podría ayudarnos a tomar plena conciencia de esta fantástica transformación, si consideramos, por ejemplo, cuántos caracteres de imprenta capta la pupila del hombre moderno, donde se convierten en impulsos nerviosos que viajan hasta el cerebro, cuyas neuronas los transforman en conceptos que se articulan en redes lógicas. Estaríamos hablando de millones, de miles de millones, tal vez ni siquiera tendríamos una cifra para expresar la suma total de todos esos datos individuales y hacernos una idea del misterioso mecanismo que opera en ese medio kilo de gelatina que llamamos cerebro y que se encuentra en permanente actividad. Sólo la estadística, una estadística psicológica que tendríamos que desarrollar, nos permitiría hacernos una idea, para nuestro asombro, de cuántos lugares, personas, libros, plantas y objetos se guardan en los archivos de nuestro cerebro, a menudo con cuatro o cinco nombres distintos, cada uno de los cuales se relaciona a su vez con miles de términos, un cómputo que supera el número de habitantes de la ciudad más grande del mundo o la cantidad de ejemplares de la mayor biblioteca que podamos imaginar. Si comparamos este volumen de conocimiento con el que manejábamos antes de la invención de la imprenta, podremos comprender la colosal ampliación que ha supuesto para nuestra imagen del mundo.

Como es natural, nuestra memoria, por fiable que sea, no puede retener y mucho menos ordenar tantos datos. No cabe duda de que nuestro conocimiento no es el de los hombres que nos precedieron, los cuales podían recitar de memoria las epopeyas de Homero, y aprendían los libros de leyes y los tratados de historia palabra por palabra. Nosotros, que lo ponemos todo en manos de la organización, ampliamos nuestra memoria, una biblioteca de mano, personal e íntima, por describirla de alguna manera, con otra biblioteca universal formada por miles de millones de libros. Cada uno de ellos es como un acumulador cargado de energía espiritual que alimenta al lector, transmitiéndole toda su fuerza. Son nuestra reserva de conocimiento, un depósito inagotable, son las piedras con las que se construye el edificio del saber, un monumento que, como nuestra imagen del mundo, jamás llegaremos a completar.

El mundo va ampliándose poco a poco y esto nos anima a resumir, a abreviar. Como no podemos abarcarlo todo, tenemos que aceptar los puntos de vista que otras personas han ido plasmando en libros. La idea que tenemos de la realidad se asienta sobre el trabajo de innumerables historiadores, filólogos y eruditos, cuyas investigaciones, argumentos y conclusiones damos por buenos. De hecho, su labor resulta cada vez más imprescindible para tener una visión de conjunto y saber de dónde partimos. Todos los intelectuales de nuestra época cooperan en esta tarea: tanto el escritor como el geógrafo, tanto el historiador como el filósofo, sin olvidarnos, por supuesto, del editor, cuyo oficio exige talento creativo y voluntad integradora, si quiere que su obra adquiera un carácter universal, global. Trazar un pequeño círculo resulta relativamente fácil; para dibujar círculos mayores hay que contar con un plazo de tiempo más amplio, con una planificación coherente y con cierto sosiego para llevarla a la práctica. Por otra parte, como el hombre nunca se da por satisfecho con lo que ha logrado, sino que busca continuamente nuevos retos a los que enfrentarse, estos círculos tienen que ir creciendo a medida que lo hace el mundo.

Este tipo de proyectos editoriales son escasos, como escasos son los hombres con ese espíritu universal del que hablábamos antes. En Alemania hay pocos que se dediquen a esta audaz empresa. En primer lugar despunta el trabajo de la editorial Reclam, que durante más de cien años, a lo largo de tres generaciones, ha desarrollado una labor casi sobrehumana, con el propósito de proyectar una imagen del mundo por medio de una biblioteca universal, que abarca todas las artes, todas las ciencias, todo el conocimiento, con libros únicos, en un formato manejable. Sería interesante rastrear el origen y el plan inicial de este edificio que, a base de añadir nuevas plantas, ha superado con mucho la altura que iba a alcanzar en un principio. Probablemente, la intención de su fundador fuese poner al alcance del público alemán las obras maestras de su literatura en ediciones de bolsillo, a un precio razonable. Ese impulso primario que aspira a conformar una imagen del mundo no representa la mentalidad de un individuo en concreto, sino que trata de reflejar la condición humana en general. Una vez fundada la editorial, ésta adopta una perspectiva plural, desea abrirse al mundo, al cosmos. Puede que comience como un experimento literario personal, pero no tarda en rendirse al atractivo de incorporar otras formas literarias, que también dan cuenta de los problemas que afectan a su ser más íntimo. Si escoge una rama del saber, ésta se convierte en la puerta de entrada a una mina con una infinita red de galerías que llevan al centro del mundo. Así, lo que en un principio fue un empresa más bien modesta, ha ido creciendo década tras década hasta convertirse en un completo compendio de nuestra cultura. Lo que surgió para procurar entretenimiento al lector, le permite educarse, la educación le anima a profundizar en su propia conciencia, al profundizar en su conciencia va descubriendo nuevos ámbitos intelectuales que establecen vínculos entre sí, estos vínculos forman un entramado cada vez más amplio que, en último término, reúne las aportaciones que han ido realizando a la poesía y al pensamiento los hombres de todos los países y de todas las épocas. Este impulso, que tiende a lo universal, es irrefrenable, no se detiene jamás, pues ¿quién puede fijar lo que se transforma incesantemente? ¿Quién puede permanecer quieto mientras la corriente le arrastra? ¿Quién puede dejar de caminar hacia un horizonte que, por mucho que avancemos, se mantiene siempre a la misma distancia? Las metas que nos marcamos se alcanzan antes o después. Ahora bien, cuando la meta se sitúa en el infinito, está claro que seguiremos persiguiéndola toda la vida. Tal vez Anton Philipp Reclam, el patriarca que escogió para su modesta colección de clásicos el nombre de «Biblioteca Universal», no sospechaba la tarea que se imponía a sí mismo y a las tres generaciones que le han sucedido. Sus descendientes han sabido estar a la altura de las circunstancias, han seguido impulsando este proyecto que no culminará jamás. Cada una ha ido explorando nuevas posibilidades y ha legado a la siguiente su actitud abierta y creativa.

Llegados a este punto es imposible valorar en su justa medida qué ha supuesto para Alemania, un pueblo ávido de conocimiento, que disfruta aprendiendo, poder acceder a un precio razonable a las obras esenciales de su tradición y a lo más selecto de la cultura internacional, dando a cada lector la posibilidad de construir su propia imagen del mundo. Si esta nación se encuentra hoy a la cabeza de Europa en cuanto a formación, se lo debemos en gran medida a esta magnífica editorial, que, con demasiada frecuencia, se contempla como un sello exclusivamente literario o como una empresa privada sin más. En realidad, si repasamos el trabajo que ha venido realizando desde el pasado siglo el gremio de editores alemanes, tendremos que reconocer que esta casa ha contribuido como ninguna otra a lo que Jean Paul llamó el «talante universal» de los alemanes, la capacidad de mirar en todas direcciones, de asomarse a la ventana y, gracias su talento metafísico nato, comprender cada elemento en particular como parte de un conjunto. El carácter que imprimió su fundador a esta insigne editorial, cuando decidió casualmente, por instinto, dar el nombre de «Biblioteca Universal» a aquella primera serie de libros, ha contribuido a formar la imagen del mundo de cuatro o cinco generaciones de alemanes y ha conseguido que sus libros constituyan hoy una enciclopedia completa, compañera inseparable de cualquier persona que pretenda considerarse culta, un proyecto inacabado e inacabable, una obra que nunca llegará a concluirse, que nunca podrá concluirse, porque su destino es elevarse indefinidamente. Estamos seguros de que lo que ha tenido un comienzo tan brillante continuará en la misma tónica y representará para la siguiente generación un instrumento tan necesario y tan decisivo como lo ha sido para la precedente.

EL DRAMA EN
«LAS MIL Y UNA NOCHES»

El descubrimiento de Oriente es la última de las tres grandes ampliaciones que ha experimentado el horizonte europeo durante la época moderna. La primera tuvo lugar en el Renacimiento, con la recuperación de la Antigüedad, del propio pasado. La segunda, casi simultánea, vino de la mano del descubrimiento de América, un nuevo continente que emergía detrás de un océano, que hasta entonces se consideraba infinito, abriéndonos al futuro. Accedimos entonces a un espacio desconocido, tierras por explorar, cubiertas por una extraña vegetación, que estimulaban la fantasía y despertaban la curiosidad, conformando una nueva perspectiva del mundo, con infinitas posibilidades. La tercera ampliación, la más reciente, afecta a un ámbito mucho más próximo, por lo que resulta difícil entender cómo se ha producido tan tarde: se trata de Oriente, una cultura que ha permanecido envuelta en el misterio durante siglos. Lo que sabíamos de Persia, de Japón o de China procedía de informes dudosos, casi legendarios. Incluso Rusia, un país vecino, ha permanecido oculta tras una extraña nebulosa hasta nuestros días. Ahora mismo [1917] estamos dando los primeros pasos para conocer esta civilización, que ha despertado un enorme interés a raíz de la guerra, aunque la información que circula sobre ella sea escasamente objetiva.

El primer acercamiento a Oriente se produjo en la época de la Guerra de Sucesión Española gracias a un librito que hizo fortuna en Francia, la traducción de *Las mil y una noches*, hace tiempo superada, del monje y erudito Antoine Galland. No es nada fácil hacerse una idea del colosal interés que despertaron en Europa estos relatos exóticos, fantásticos, por más que se hubieran adaptado al gusto europeo. De repente, nos encontramos con una narrativa exuberante, de una riqueza insospechada, que contrastaba vivamente tanto con la poesía francesa de carácter cortesano, fría y estirada, como con los *contes de fées*, sencillos e inocentes, para el público infantil. Los lectores—que, en todas las épocas, se dejan llevar de buena gana por aquello que les depara nuevas emociones—se embriagaron con su magia, quedaron fascinados por una literatura de ensueño, tan hipnótica como el humo del hachís. Tenían entre sus manos una obra amena, de la que podían disfrutar sin esfuerzo, ya que no estaba sometida a reglas estrictas, que daba un descanso a la razón y permitía que la fantasía se elevase libremente, que flotase en medio del misterio, del infinito, gracias a unas historias que a todos les parecieron ligeras, espontáneas e intrascendentes. Desde entonces nos hemos acostumbrado a mirar estos cuentos con cierta soberbia, considerándolos una colección de relatos extraños, curiosos y cándidos, una obra anónima, colorida, pero sin especial valor artístico, pues carecen de un propósito y no se ajustan a un plan determinado. Algunos eruditos combatieron esta opinión, subrayando la cuidada elaboración de los textos, identificando algunos motivos literarios y trazando el recorrido que habían seguido desde su nacimiento, en Persia o en la India, pero todo fue en vano, continuó viéndose como una obra anónima, popular, sin más pretensiones. Encontrar a su autor, aunque no se le haya podido dar nombre, es mérito de un hombre sencillo que, sin más herramientas que su amor por la literatura, se puso a trabajar, dejándose guiar únicamente por su intuición. Durante veinte años, Adolf Gelber ha dedicado todo el tiempo libre que le dejaban sus ocupaciones profesionales al estudio de esta obra—igual que hizo Fritz Mauthner cuando se trasladó a Berlín, con más de cuarenta años, y comenzó a redactar sus *Contribuciones a una crítica del lenguaje* en las horas que podía robarle a su actividad literaria—, y el resultado es verdaderamente asombroso, un libro instructivo y, al mismo tiempo, estimulante.[1] Quien conocía y amaba este maravilloso mundo de fantasía oriental, esta colección de relatos que se encadenan prodigiosamente, descubre ahora la lógica que impera en este universo aparentemente desbocado, el sentido que yace oculto bajo el ropaje chillón de los cuentos.

Hasta ahora, esta epopeya oriental, que comprende doce volúmenes, se concebía como un repertorio de mil historias, a cual más sugestiva, sabias y necias, divertidas y serias, piadosas y lascivas, fantásticas y realistas, todas distintas, reunidas una a una por un compilador que no era consciente del papel que debía cumplir y había ido acumulando todo este material sin orden ni concierto, dentro de un marco narrativo que no servía a ningún propósito concreto, por lo que, en el fondo, daba igual el orden en que se leyeran, de atrás adelante o de delante hacia atrás, siempre nos movíamos en un universo caótico y fantasmagórico. El libro de Gelber, un estudio inteligente y exhaustivo, nos muestra por primera vez cómo podemos abrirnos paso a través de esta enmarañada selva, nos explica la lógica que subyace a esta obra abierta y desconcertante pero también inteligente, y descubre la voluntad artística que guía la mano del autor. Según Gelber, cuya argumentación no puede ser más convincente, Shahriar, ese rey tenebroso que necesita oír cuentos y más cuentos noche tras noche, es una figu-

---

[1] Adolf Gelber, *Tausendundeine Nacht. Der Sinn der Erzählungen der Scheherezade*, Viena, Moriz Perles, 1917.

ra trágica; Sherezade, una heroína; y el libro, miles y miles de páginas que no parecen ajustarse a ningún patrón, un drama rebosante de tensión y dinamismo, un drama psicológico que se pliega una y otra vez sobre sí mismo a medida que se suceden los relatos. Hasta ahora veíamos al rey Shahriar como una especie de monstruo sacado de un teatro de marionetas, mitad Holofernes, mitad Barba Azul; un soberano cruel y sanguinario que cada mañana entregaba al verdugo a la muchacha que había convertido en su esposa la noche anterior. Sherezade, por su parte, venía a ser la versión femenina del pícaro que, para salvar su vida, engañaba noche tras noche al monarca, ofreciéndole un cuento que interrumpía al amanecer, en el momento de máxima tensión; una joven astuta y tramposa que conseguía atrapar al malvado rey en las redes de su propia curiosidad, que se servía del anzuelo de la intriga para poder pescarle. Sin embargo, el trasfondo de los cuentos es más profundo y su autor, infinitamente más sabio. Aquel escritor, que vivió hace cientos y cientos de años, y cuyo nombre no conocemos, era un poeta trágico con un talento excepcional, que consiguió tejer un drama inolvidable uniendo el destino de estas dos personas, un material enormemente valioso, con el que más tarde se podría seguir trabajando.

Tratemos de explicarlo tal y como lo hace Gelber. Nos trasladamos a Oriente, calles y bazares bajo un cielo cuajado de espléndidas estrellas, un mundo idílico, rebosante de pasión, abierto al destino. El escenario de nuestra historia es un palacio real, con un ambiente exuberante y, al mismo tiempo, tenebroso, como el de los palacios de Micenas o los de la *Orestíada*. En él habita un rey terrible, asesino de mujeres, el tirano Shahriar. Ahora que hemos dispuesto el escenario y que hemos presentado a los personajes, podemos comenzar. Nuestro drama tiene un preludio, que se desarrolla en el alma del rey. Como hemos dicho, Shahriar es un tirano, un hombre desconfiado y escéptico, sediento de sangre, que desprecia el amor y se burla de la fidelidad. Pero no siempre fue así. Shahriar ha sufrido un desengaño. Antes era un soberano justo, responsable, consciente de su deber, orgulloso de su esposa, confiado como Timón de Atenas, inocente como Otelo. Entonces, su hermano, que ha tenido que dejar su casa para viajar a una tierra lejana, regresa con el corazón roto, acude al palacio y le cuenta su desdicha: su mujer le ha engañado con el último de sus siervos. El rey le compadece, sin pensar, ni por un momento, que a él podría sucederle lo mismo. Pero su hermano, a quien la dolorosa experiencia le ha abierto los ojos, no tarda en darse cuenta de que el matrimonio del rey, como el suyo, está corroído por la carcoma de la infidelidad. Con mucho tacto comparte sus sospechas con Shahriar. Éste no da crédito a sus palabras. Como Otelo, como Timón, se niega a aceptar que el mundo sea tan perverso y exige una prueba de la infamia. Pronto tendrá que reconocer la escalofriante verdad. Su hermano estaba en lo cierto: su mujer le deshonra con un esclavo negro. Los cortesanos y las esclavas estaban al corriente de lo que sucedía, pero al rey le cegaba su bondad. El desengaño le abrasa por dentro. Su ánimo se ensombrece. Ya no confía en nadie. Las mujeres son la estirpe de la mentira y del engaño. Sus sirvientes, un puñado de aduladores y de mentirosos. Herido y ofuscado, se aparta del mundo. Podría hacer propio el monólogo de Otelo o las quejas de Timón, palabras que expresan el desengaño del mundo. Pero es un rey poderoso, y los reyes no expresan su ira con palabras, sino con la espada.

Lo primero es cobrarse venganza. Su cólera exige una hecatombe. La esposa y su amante, así como las esclavas y los siervos que conocían el secreto de ambos, pagan su deslealtad con la muerte. ¿Y ahora qué? El rey Shahriar aún es joven e intenta en vano apaciguar su pasión. Como oriental desea la cercanía de una mujer, pero como rey es demasiado orgulloso para entregarse a esclavas y a prostitutas. No se conformará con ninguna mujer que no sea reina, pero tampoco quiere que le vuelvan a engañar. Ha perdido la fe y no se siente sujeto a la moral, quiere salvaguardar su honor sin renunciar al placer. La humanidad ya no significa nada para él. Entonces concibe un plan terrible: cada noche tomará por esposa a una doncella de familia noble, yacerá con ella y, a la mañana siguiente, ordenará que la maten. Cuenta así con una doble garantía de que la muchacha le es fiel: la primera, su virginidad; la segunda, la muerte. Cuando la elegida abandona el lecho nupcial, es entregada al verdugo y así no tiene posibilidad de engañarle.

Ahora se siente seguro. Cada noche, una joven es conducida a su alcoba y, en cuanto deja sus brazos, se enfrenta a la espada. El horror se apodera del país. Como en los tiempos del rey Herodes, que mandó matar a todos los niños menores de dos años que vivían en Belén, el pueblo clama impotente contra el tirano. Los nobles con hijas llevan luto por ellas antes aún de que se las quiten, pues saben que las perderán una tras otra, sacrificadas al Moloc de la desconfianza. Nada puede aplacar la ira del rey. Su oscura alma sólo se ilumina con la llama de la cólera. De ahora en adelante ninguna mujer podrá engañarle; es él quien engaña a todas como castigo por lo que le hicieron.

Uno cree saber cómo continúa esta trágica historia: Sherezade, la hija del Gran Visir, será llamada al lecho del rey, pero la astuta joven luchará desesperadamente por su vida, inventando cuentos y farsas, que relatará con una sonrisa en los labios y un miedo mortal en el corazón, hasta conseguir ganarse el afecto del tirano, al que consumía la amargura. Sin embargo, no ocurrirá así. Una vez más, el autor es más sabio y la historia más profunda de lo que suponemos. El anónimo autor de *Las mil y una noches* no es sólo un grandioso poeta dramático, sino un profundo conocedor del corazón humano y de las leyes eternas que rigen el arte. Sherezade no es llamada al lecho el rey. Ella, como hija del Gran Visir, el hombre que ejecuta las escalofriantes órdenes del rey, es la única doncella que nunca tendrá que enfrentarse a este terrible destino. Este privilegio le permitiría elegir libremente a su esposo y disfrutar de la vida sin temor alguno. Entonces ocurre algo maravilloso, la historia da un giro inesperado con el que saldrá a la luz una nueva verdad. Ella, que no está obligada a recorrer este camino terrible y sangriento, se presenta ante su padre y pide que la entreguen al rey. Al tomar esta decisión nos recuerda a Judith, la heroína que se sacrifica por su pueblo, en este caso, por su género, por todas las mujeres, aunque, si vamos más allá, deberíamos verla como la encarnación de la esencia femenina, una joven que se siente atraída por lo excepcional, por lo insólito, a la que encandila el peligro. Con el paso del tiempo, Barba Azul se iba enamorando de nuevas mujeres y, por eso, mataba a sus anteriores esposas, cediendo a un impulso ciego que escapaba a su control; Don Juan presumía de mujeriego y su fama animaba a muchas damas a ponerse a prueba tratando de resistir sus encantos, un empeño en el que sucumbían; el sanguinario rey Shahriar, mitad tirano, mitad libertino, despierta una irresistible fascinación en Sherezade, una doncella inocente, perspicaz, que pretende enfrentarse a la ira del monarca y salir victoriosa. Se ha convencido a sí misma de que cumple una misión redentora, cambiar el corazón del rey y poner fin a los asesinatos que comete a diario; pero, aunque no lo quiera reconocer, alberga además un deseo profundo, casi místico, que la empuja a la aventura, que la lleva a arriesgarse en un juego en el que ha de encontrar el amor o la muerte. Su padre, el Gran Visir, se queda aterrado. Es él quien, día tras día, se encarga de conducir a la asustada víctima de su señor desde el tibio lecho nupcial al frío seno de la muerte. Habla con la joven y trata de quitarle esa absurda idea de la cabeza. Tiene lugar una encendida discusión, en la que ambos intercambian argumentos y contrargumentos, pero el anciano no consigue disuadir a su hija, que, extasiada, ansía sacrificarse a sí misma. Quiere que la conduzca a palacio, con el rey. Al final, como suele ocurrir en este tipo de relatos, el padre de la heroína no tiene valor para enfrentarse a ella. Es un sentimental y llora amargamente, pero más por sí mismo que por su hija. Se presenta ante el monarca y le anuncia la decisión de su hija. Shahriar, sorprendido, le advierte que tampoco tendrá misericordia con ella. El hombre, ministro y padre, baja la cabeza con gesto abatido. Conoce cuál será el destino de su hija. Los acontecimientos siguen su curso y Sherezade comparece ante el rey vestida de novia, dispuesta al sacrificio.

La primera noche de Sherezade es una noche de amor. Se entrega al rey sin reservas. Aunque las lágrimas nublan los ojos de la joven, lo único que pide al monarca es poder ver a su hermana pequeña Dunyazad, con quien compartió sus juegos de infancia, antes de que amanezca y sea ejecutada. El rey le concede este deseo. Pasada la medianoche, las hermanas se reúnen. Dunyazad, que conoce el plan de Sherezade, quiere que ésta le cuente una historia «divertida y agradable, para entretenerse durante el resto de la noche». Sherezade pide permiso al rey. Éste, que no puede dormir ni descansar, como les ocurre siempre a los asesinos más sanguinarios, se lo concede de buena gana.

Entonces, Sherezade comienza su relato. No es una anécdota divertida, no es comedia y tampoco un hecho curioso, sino un cuento. Un cuento dulce, sencillo, que habla de un mercader, de un hueso de dátil y del destino. Un cuento dulce en el que se mezcla el amargo sabor de una verdad. Una historia sobre los culpables y los inocentes, sobre la muerte y la misericordia, una historia sin mayores pretensiones que, sin embargo, atraviesa el corazón del rey como si fuera una flecha. Un segundo relato parte del primero. El tema es, una vez más, la culpa y la inocencia. En realidad, la astuta Sherezade aprovecha la historia para contar la suya propia. Un pescador rescata del mar una botella lacrada con el sello de Salomón en la que se encuentra encerrado un genio. Cuando lo libera, éste pretende dar muerte al infeliz que lo ha sacado de su prisión. En su día, el genio había jurado convertir a quien lo sacase de aquel lúgubre frasco en el que estaba atrapado en el hombre más rico de la tierra. Sin embargo, después de que pasaran miles y miles de años sin que nadie acudiera a liberarlo, juró matar a quien terminara rescatándole de su encierro. El genio está decidido, por lo tanto, a acabar con su libertador. Shahriar escucha con atención. ¿Acaso Sherezade no ha venido a liberarle a él de la oscura prisión en la que está cautivo, la prisión de la melancolía, del horror y de la locura? ¿Y no es él quien pretende matar a quien podría devolverle la alegría? Pero Sherezade ya ha comenzado otra historia, otro cuento. Todos resultan igual de emocionantes. En apariencia se trata de relatos inocentes, sin malicia. Sin embargo, todos giran en torno al mismo problema: la culpa y el perdón, la crueldad, la ingratitud y la justicia divina. Shahriar no pierde detalle. Surgen preguntas que le hacen pensar, problemas que le sorprenden y le preocupan. Se inclina hacia delante, siente la tensión, contiene el aliento. Quiere encontrar la solución al enigma. Pero Sherezade, que se ha dado cuenta de que ya amanece, calla discretamente. Las horas de amor y de distracción han pasado. Es hora de enfrentarse al patíbulo. La historia no ha acabado aún, pero su vida sí.

Ya se da por perdida. Está a punto de escuchar su condena a muerte de labios del rey. Pero éste duda. Sherezade ha empezado un cuento, pero no lo ha terminado. Las preguntas se acumulan en el oscuro corazón del monarca. Es algo más que simple curiosidad. No es únicamente ese gusto infantil por escuchar esta o aquella historia. Una fuerza extraña se ha apoderado de él y paraliza su voluntad. Duda. Y, por primera en años, retrasa la ejecución un día. Sherezade ha salvado la vida; al menos, por un día. Puede disfrutar de la luz del sol y pasear por los jardines. Es la reina, la única reina, y hace un día radiante. Pero cae el sol y su luz se apaga. Llega la noche y tiene que acudir a los aposentos del rey. Se arroja a sus brazos y luego aguarda a su hermana. Cuando ésta llega, retoma el cuento donde lo había dejado. Comienza así una maravillosa cadena de noches formada por mil eslabones, por mil historias. Al principio, todas giran sobre el mismo tema. Su propósito es cambiar el corazón del rey, apartarle de la locura, moverle al arrepentimiento. Gelber ha analizado con inteligencia y maestría el propósito y el sentido de cada uno de estos relatos, cuidadosamente ordenados. Aunque parezca que no guardan relación entre sí, van anudándose unos a otros en un estrecho entramado, una red que se cierra poco a poco alrededor del rey, dejándole atrapado en su interior, sin que pueda evitarlo. Se encuentra indefenso. «¡Termina ya la historia del mercader!», grita desesperado en cierto momento. Siente que su voluntad flaquea. Noche tras noche se siente engañado por esta astuta mujer. Sabe que juega con él e intuye por qué. Sherezade no da ni un paso atrás. No sólo está jugándose su propia vida, sino también la de los cientos y cientos de mujeres que podrían morir después de ella. Depende de sus cuentos para salvarlas a todas y, sobre todo, para salvarle a él, al propio rey, a su esposo. En el fondo de su corazón sabe que es un hombre sabio y admirable; no está dispuesta a dejarle en manos de los oscuros demonios del odio y de la desconfianza. Gracias a sus cuentos—¿es consciente de ello?—está enamorándole. Al principio, el rey escucha ansioso, pero luego, poco a poco, se rinde ante el poder de la palabra. Ahora, el poeta comenta con frecuencia la «impaciencia», la «inquietud» con la que espera la noche siguiente. Cada vez resulta más evidente que su destino pende de los labios de ella, los mismos que besa todas las noches. No hay vuelta atrás, está atrapado en sus redes. Cada vez ve con mayor claridad lo perdido que estaba. Sus noches vuelven a ser hermosas. Lo único que teme es que los cuentos se acaben.

En cualquier caso, aunque Sherezade no quisiera seguir con sus cuentos, su vida no correría ningún peligro. Y lo sabe. Pero el caso es que tampoco ella quiere que esas noches terminen, porque son noches de amor, que comparte con un hombre singular, tiránico, atormentado, a quien ha ido amansando y purificando gracias a la fortaleza de su espíritu. Por eso, cada noche, trae una historia nueva. Sin embargo, sus relatos ya no tienen el trasfondo de antes, ya no son tan inteligentes. Se convierten en un torbellino de anécdotas más o menos curiosas, más o menos confusas, una mezcla abigarrada en la que cabe prácticamente todo. En esta segunda parte, que comprende las últimas quinientas noches, hay cuentos que se repiten y otros que se truncan o se solapan. La arquitectura equilibrada y sensata de la primera parte, en la que, tal y como demuestra Gelber, se percibe una espléndida unidad, se desmorona por com-

pleto. Se narra por el placer de narrar, por alargar esas noches románticas y delicadas, reflejo de la magia de Oriente. Cuando Sherezade no sabe qué más inventar, qué más
contar o cómo continuar, pone fin a sus cuentos. Atrás quedan mil noches. Salimos entonces de ese mundo de ensueño y emergemos en una realidad diferente. La joven tiene
a su lado tres niños. Son los que ha dado al rey durante los
tres años que ha estado a su lado. Se los entrega y le su-
plica que les permita conservar a su madre. Shahriar la estrecha contra su pecho, que ha quedado limpio de la lepra
de la desconfianza. El monarca se ha curado de su locura y
ella se ha liberado de su temor. Sherezade se convierte en
la esposa de un rey sabio, justo y dichoso, que decide casar
a Dunyazad con su hermano, para que éste supere también
su amargura y aprenda a apreciar de nuevo a la mujer. El
país celebra jubiloso el final de una época oscura. La obra
culmina con un himno que alaba la fidelidad de las mujeres, su valía y su amor, a diferencia de las injurias y de las
burlas con las que empezó.

La variedad de sentimientos que refleja esta tragedia
de autor anónimo y ambiente oriental es verdaderamente formidable. Estaría a la altura de muchas de las obras
de Shakespeare, para las que Adolf Gelber ha propuesto
interpretaciones igual de audaces y creativas, atendiendo
a la evolución psicológica de sus protagonistas, que pasan
de la desesperación más profunda a la alegría desbordante,
en una escala casi musical. Eso es exactamente lo que ocurre en *Las mil y una noches*. Al principio, los sentimientos
del corazón humano se alzan unos contra otros en absoluto desorden, igual que en una tormenta, cuando se revuelven las olas del mar, o las del alma, hasta que la naturaleza
recupera el sosiego, los vientos se serenan y regresamos al
hogar deslizándonos suavemente sobre la superficie pla-

teada de las aguas. *Las mil y una noches* combina la ligereza del cuento con el colorido de las leyendas; sin embargo, en su interior se fragua una sangrienta tragedia, la lucha de los sexos por el poder, la lucha del hombre por la fidelidad, la lucha de la mujer por el amor, un drama inolvidable, construido por un gran poeta, cuyo nombre ignoramos, pero cuya grandeza podemos apreciar ahora gracias a este análisis tan original como imprescindible.

PRÓLOGO A UNA EDICIÓN ABREVIADA DE «EMILIO O DE LA EDUCACIÓN», DE JEAN-JACQUES ROUSSEAU

Cada vez que el mundo se transforma, volvemos a Jean-Jacques Rousseau. Cada vez que los cimientos sobre los que descansa el orden social sufren una conmoción y afloran las contradicciones a las que se enfrenta nuestra época, cada vez que se ponen en tela de juicio los fundamentos del Estado o se duda del hombre, cada vez que se derrumban las tradiciones o se critican las leyes, podemos contar con él como profeta y consejero, pues su obra se sitúa fuera del tiempo, fuera de cualquier época, y su persona representa, como ninguna otra, la defensa de los derechos del hombre, la salvaguarda de una ley invisible que ninguna sociedad cumple por completo, pero que ninguna contraviene por completo. Rousseau se sitúa al margen de la historia, en el principio de todo. Viene a ser como una palanca que actúa desde fuera de la realidad, sin ningún punto de apoyo en concreto, salvo el propio ser humano en términos absolutos. Por eso, su trabajo es atemporal. Su rebeldía no se dirige contra su generación o contra el orden estatal en el que le tocó vivir, representa más bien la tensión eterna entre el individuo y la comunidad, la insurrección de la persona que lucha por su libertad. Como padre de los derechos humanos, la Revolución francesa lo ensalzó y Robespierre inmortalizó su nombre en el discurso que pronunció ante la Convención Nacional. Como defensor de la anarquía, los reaccionarios sacaron su cadáver del Panteón y dispersaron sus restos a los cuatro vientos. Sin embargo, cada vez que el mundo se enfrenta a una crisis, sus palabras y su espíritu vuelven a señalarnos el camino.

Jean-Jacques Rousseau no pertenece a ninguna época y pertenece a todas. En el siglo XVIII no encajaba en los salones del *Ancien Régime* y hoy tampoco encajaría en un parlamento o en la redacción de un periódico. Veía los problemas con una mirada libre de prejuicios y sumamente personal, con la inocencia del hombre en estado de naturaleza, como el extranjero de las *Cartas persas* de Montesquieu. Hablaba sobre cualquier tema como si nadie lo hubiera tocado antes, huyendo de los convencionalismos, sin respetar ninguna tradición, sin piedad alguna, como si fuera el primer hombre que pisa la tierra. Eso explica su éxito por encima de épocas y fronteras. Trató los problemas a los que toda persona tiene que dar respuesta, por eso, su obra es eterna y encierra una riqueza inagotable. Se podría decir que es el primogénito de la humanidad; combina una ingenuidad incorruptible con una lógica genial. Esta dualidad, la humanidad desnuda, la naturaleza animal, por un lado, el conocimiento racional y la reflexión crítica, por otro, convierte *Las confesiones* en el análisis psicológico más asombroso de todos los tiempos. No se puede acudir a Rousseau buscando claridad, forma o madurez. Fue un diletante genial que vino a revolucionar la literatura, la psicología, la cultura, el Estado y, en general, cualquier campo en el que trabajó. Sentó las bases sobre las que se redactaron constituciones como la de Estados Unidos o la de Polonia, presentó los argumentos de los que se sirvieron oradores como Mirabeau y Robespierre, planteó las tesis que desarrollaron los filósofos desde Kant hasta Karl Marx, creó la prosa que inspiró a escritores como Goethe. Su influencia en estos dos siglos ha sido permanente y se renueva cada vez que el hombre reflexiona sobre sí mismo y sobre los problemas que afectan a la sociedad.

Su obra es intemporal, pero sus obras no lo son. Muchos de sus postulados están superados y no tendría sentido llevarlos a la práctica. Otros, que eran correctos, han terminado asumiéndose como algo natural. Los que eran falsos se han descartado sin más. *El contrato social*, el *Discurso sobre el origen de la desigualdad* son testimonios históricos, no libros vivos. Sus ideas sirven de base al Estado moderno y, por eso, son invisibles, como los cimientos de cualquier edificio. Sus polémicas políticas y religiosas han quedado en el olvido. Sus óperas son curiosidades sin mayor interés. En cambio, sus obras literarias tienen un carácter singular, ya que, al no poder construir nada sobre ellas, se alzan como monumentos ante el horizonte de la eternidad o se hunden en la tierra del olvido.

La obra literaria de Rousseau conserva, por lo tanto, todo su vigor, tanto *Las confesiones*, un ejemplo inmortal de poesía y verdad, como sus dos novelas, una pedagógica, *Emilio*, y otra sentimental, *La nueva Eloísa*. Ambas conmovieron al mundo, provocando una revolución en la esfera intelectual y en la sentimental (cada vez que este hombre extraordinario toma la pluma, provoca una revolución). Durante un siglo, sus páginas embriagaron a innumerables lectores, se convirtieron en modelo de nuevas obras literarias—*Werther* sería impensable sin *La nueva Eloísa*, *Wilhelm Meister* nunca se habría escrito sin *Emilio*—, toda una generación, la del Romanticismo, Byron, Madame de Stäel, recorre las orillas del lago de Ginebra tras las huellas de los personajes creados por Rousseau, emocionados por la delicadeza del paisaje. No sólo dan pie a una nueva literatura, sino también a una nueva concepción del amor, de la naturaleza, de las sensaciones, que tuvo una enorme influencia en su época, más de lo que podamos imaginar hoy en día.

¿Y en la nuestra? ¿Qué valor tienen ahora para nosotros? *La nueva Eloísa* es una novela de amor, un relato de corte intimista. *Emilio* es una novela que reflexiona sobre la educación, pertenece, por lo tanto, a la prosa de ideas. En la actualidad tendemos a pensar que el sentimiento perdura, mientras que las ideas van cambiando. Nada más lejos de la realidad. Ninguna idea desaparece por completo: a veces se desdibuja en determinada época, pero conserva toda su solidez, como el cristal. En cambio, los sentimientos—o, mejor dicho, las formas que adquiere el sentimiento—se marchitan y entran en decadencia. Podremos comprender las ideas de una época anterior, pero jamás su manera de sentir. *La nueva Eloísa*, una novela que habla sobre «la belleza del alma», nos parece infinitamente lejana. El verboso sentimentalismo de sus cartas no nos dice nada; sus paisajes están tan muertos, resultan tan falsos como los de los cuadros de Claude Lorrain o de Poussin. El ambiente pastoril, *larmoyante*, su piedad, dulce y patética, no encajan con la sensibilidad moderna, bisnieta de una época con un estilo preciosista que ahora se nos antoja aburrido. En sólo dos siglos, el alma se ha transformado por completo y libros como éste dan testimonio de ello.

Emilio, por el contrario, se centra en las ideas. Las ideas de una época pueden parecerle erróneas a la siguiente, pero eso no significa que se desprenda de ellas. Las ideas se comportan como las mareas, tienen su flujo y su reflujo: las que ahora mismo se rechazan, volverán a aceptarse antes o después; la mentira de ayer se convierte en la verdad de mañana. En *Emilio* hay mucha verdad pasada y futura, mucha verdad presente y eterna, porque es un libro que enfrenta al hombre con lo inmortal.

En nuestros días no comprendemos o, por lo menos, nos cuesta entender que esta obra tuviera tanta influencia, que se tomara tan en serio en su época. Escrita en París, en casa de la Mariscala de Luxemburgo, protectora de Rousseau, se imprime en secreto y, en cuanto aparece en 1762, el Gobierno ordena el arresto del autor, que, para evitarlo, huye precipitadamente a Suiza. El libro es quemado públicamente en las escaleras del Grand Palais. Los ginebrinos hacen lo mismo y la que hasta entonces había sido una República independiente termina viniéndose abajo; otra, la estadounidense, surge gracias a sus ideas. Un rey toma la pluma para escribir una réplica, el *Anti-Emilio*. En Königsberg, Immanuel Kant, volcado en su lectura, olvida dar su paseo diario por primera vez en cuarenta años. En Motiers, los campesinos apedrean las ventanas de Rousseau. Las archiduquesas de Francia lloran de emoción y vuelven a amamantar ellas mismas a sus hijos. El mundo de las letras se renueva, el estilo de vida se transforma, las reinas desean regresar «a la naturaleza» y juegan a las pastoras en los jardines del Grand Trianon, los futuros acusadores del escritor se inspiran en el libro para escribir los discursos y los alegatos que pronunciarán en la Convención Nacional. Como ocurre con cada uno de sus libros, *Emilio* es una revolución escrita, cuyo propósito es derrocar el pensamiento, las costumbres y la fe.

Es natural que sintamos curiosidad por esta obra, que busquemos en ella la mecha que prendió todo este incendio. Pero no la encontramos. Para nosotros, *Emilio*, en su versión íntegra, es una novela larga, ceremoniosa, pedagógica y filosófica, que puede llamar la atención, que puede provocar más o menos entusiasmo, pero nunca una revolución. De hecho, resulta paradójico que un hombre que llevó una vida tan desordenada, que nunca tuvo un trabajo fijo, proponga teorías tan sorprendentes sobre la educación, con un estilo tan persuasivo; que un padre que dejó a sus cinco hijos en la inclusa de París, abandonándolos a su suerte, defienda que cuidar de los niños es la primera obligación de una persona. Algunos de sus argumentos también pueden resultar paradójicos, pero nadie puede negar que nos encontramos ante una obra maestra de la pedagogía, deslumbrante y audaz.

Ahora bien, en el fondo, la pedagogía no es más que una máscara. Este libro no trata del niño, sino del hombre. Si se remonta al principio de la vida, es para analizar el principio (la raíz) de todos los males: el enfrentamiento del individuo con el mundo; del niño con los padres y con los educadores; del ciudadano adulto con el Estado y con las leyes, estén escritas o no; y, hacia el final del libro, cuando se refiere al clérigo de Saboya, del hombre con su Dios, no con Dios, sino con su Dios, pues Rousseau reconoce al hombre todos los derechos que le otorga la libertad, incluso el de crearse su propio Dios.

En Rousseau, el mundo comienza de nuevo una y otra vez. Ataca los problemas desde la base, sin piedad, como si nadie los hubiera pensado antes de él. Hasta Rousseau, el pensamiento giraba en torno a las clases sociales y a los Estados, a las tradiciones, a los dogmas y a la religión; el suyo se centra en el hombre natural, el hombre libre de las costumbres y de la moral. Este hijo de un relojero, que creció en uno de los barrios más humildes de Ginebra, abre en canal el cuerpo social, vuelve del revés las verdades que todo el mundo acepta, yendo siempre al fondo de la cuestión, por eso, sus reflexiones tienen un carácter atemporal, son válidas para cualquier época, especialmente—como ya he apuntado—para aquellas en las que un terremoto moral conmueve el edificio de la cultura. *Emilio* es una apología del derecho, de los derechos humanos, a los que más tarde el Estado daría el rango de ley, y que cada época debe revisar para evitar que se petrifiquen, que la costumbre adultere su naturaleza, elemental como el fuego. De la misma manera que el bebé ha de tener libertad de movimiento y, por eso, se deberían evitar los pañales que lo constriñen, Rousseau defiende la libertad del ciudadano frente a cualquier limitación. Es el primero que vuelve a plantearse una cuestión que los griegos consideraron capital y que luego había quedado olvidada: la dificultad de conciliar los deberes del ciudadano (del hombre como ser social) con los derechos del individuo (del hombre como persona). En este aspecto, su obra mantiene plena vigencia, parece escrita para nuestra época, sobre todo después de lo vivido durante la Gran Guerra. Puede que sus planteamientos sean utópicos, pero eso es precisamente lo que los hace eternos, convirtiéndolos en una meta, seguramente inalcanzable, pero hacia la que hay que tender. Los ideales ante los que hoy la razón burguesa, domesticada, retrocede temerosa en todos los Estados se muestran sin tapujos, con toda claridad. El sueño que ahora empezamos a acariciar, la unidad de Europa, una alianza en la que los pueblos vivan en paz y en libertad, ya aparece perfectamente definido. Pocas generaciones habrán podido sacar tanto provecho de un libro eterno, pegado a la verdad, que nos invita a volver a la naturaleza, a reivindicar nuestra libertad y nuestros derechos. Si el mundo quiere comenzar de nuevo, no podrá prescindir de este libro.

Por otra parte, hay que reconocer que este libro, escrito por el primer «*citoyen du monde*», presenta ciertos aspectos caducos y que, para mantenerlo vivo, era preciso podar algunas ramas, recortando su extensión, excesiva para el lector actual, ajustando su estilo ampuloso y reconduciendo sus divagaciones para que se ciñan a un orden. Éste es el principio que inspira esta nueva edición. Por una parte, se recoge todo aquello que está conforme con nuestra mentalidad y con el conocimiento actual y, por otra, se prescinde de lo que ya no se sostiene. Quedan, por lo tanto, las premisas psicológicas que todo el mundo reconoce como ciertas y el estímulo para seguir recorriendo ese camino eterno que nos lleva hacia la verdad. Quien lea esta versión reducida puede tener la seguridad de que conoce el *Emilio* de Rousseau; eso sí, se ahorrará el esfuerzo—verdaderamente agotador—de entrar a fondo en tantos excursos como contiene la obra. La trama novelesca, que comienza relativamente tarde, se ha preservado casi por completo, y lo mismo se puede decir del célebre episodio del clérigo de Saboya. Para ir a lo esencial, se prescinde de las divagaciones pedagógicas, se adopta un estilo más natural y se aligeran los razonamientos más pesados. Para salvar la parte eterna de esta obra dieciochesca hay que distinguir con claridad lo que es exclusivo de la época, sus polémicas particulares, de lo que tiene validez general, sus propuestas universales. Una educación verdaderamente moderna ha de empezar por el principio, por lo más básico, por reconocer las fuerzas que se agitan en el interior del hombre, y debe culminar, no en el ciudadano, sino, de nuevo, en el propio hombre: un hombre libre.

EL REGRESO DE STENDHAL
A ALEMANIA

«En 1900 seré famoso». El viejo auditor y antiguo oficial de caballería Henri Beyle, al que todos conocemos como Stendhal, no se equivocaba. Acertó plenamente al señalar la década en la que alcanzaría el éxito, después de haber chocado con la desesperante indiferencia de sus contemporáneos. Es cierto que figuras como Goethe o Byron lo recuerdan como un gran conversador, divertido y agudo. Sin embargo, después de este fugaz reconocimiento por parte del mayor autor de nuestra literatura, el gran maestro de la novela psicológica cae en el olvido. Tanto es así que, durante años, en las *Conversaciones con Goethe* del secretario Von Müller, su nombre aparecía escrito como «Stendel» en lugar de «Stendhal» y nadie se preocupó de corregir este lamentable error que revelaba una ignorancia alarmante.

Hubo que esperar hasta 1880 para que Alemania tuviera otro lector a la altura de su obra. Se trata de Friedrich Nietzsche, que, como él mismo cuenta, habría leído sus dos principales novelas sesenta o setenta veces, fascinado con sus análisis psicológicos, superados sólo por los de Dostoievski. Este toque de atención sirvió para despertar a quienes mueven el mundo literario y hacer que recuperasen la memoria. De pronto, a comienzos de siglo—¡qué acierto a la hora de vaticinar su destino!—aparece la primera edición de sus obras completas, agotada ya desde hace tiempo, gracias al esfuerzo de Eugen Diederichs. Hoy, el lector alemán interesado en Stendhal recibe el fuego cruzado de tres editoriales, Propyläen, Insel y Georg Müller, que ofrecen sus traducciones, al tiempo que, en París, Champion prepara la *Monumental-Édition* que, como es natural, exigirá un estudio a fondo de las sesenta carpetas de manuscritos que se custodian en la biblioteca de Grenoble.

La resignada dedicatoria que Stendhal estampaba junto al título de sus novelas, «*To the happy few*» ('Para los pocos escogidos', así lo expresaría yo, a diferencia de Arthur Schurig, por lo general tan sensible, que opta por traducirlo literalmente, 'Para los pocos que son felices', desvirtuando así su sentido), no sirve ya para el mundo de hoy, para el año 1921. Sus dos obras principales, así como el pequeño tratado que tituló *Del amor*, se han traducido a todos los idiomas y se encuentran en todas las bibliotecas. Por otra parte, no deja de ser cierto que los lectores que disfrutan con toda el alma del carácter inquieto, travieso, entre vergonzoso y charlatán de este psicólogo romántico o romántico psicólogo forman un círculo muy reducido. No llegarán a un par de docenas en toda Europa. Recogiendo el espíritu del propio Stendhal, en lugar de fundar una sociedad o un club, han creado un misterioso conciliábulo, medio real, medio irreal, tan discreto e inaccesible como el propio autor, que año tras año reunía a sus fieles, como si fueran masones, para ofrecerles un nuevo libro con algunas orientaciones vitales para los «*happy few*». Quiénes forman este club, cómo y dónde se reúnen es algo de lo que ni siquiera pude enterarme en París. Lo preside un polaco, Casimir Stryenski, y entre los iniciados alemanes destaca Arthur Schurig, el más solícito, el más entregado, el más entusiasta, a cuya encomiable labor (realizada con sumo gusto y agudeza) debemos preciosas aportaciones, indispensables para conocer a Stendhal. Por desgracia, como es natural, todavía estamos lejos de contar con una biografía completa, exhaustiva, pues ni siquiera un especialista como él ha logrado encontrar la salida al laberinto que es la vida del autor. Máscaras y más máscaras, rutas clandestinas, falsos rastros, todo un carnaval de disfraces detrás de los cuales se oculta Stendhal, un transformista que no tendría nada que envidiar a Fregoli, que juega con su propia identidad como si fuera otro de sus personajes. En sus documentos no hay nada seguro, no hay nada auténtico. Si consigna una fecha en un manuscrito, uno puede apostar a que es falsa, para inducir a error a algún futuro investigador. Si menciona una localidad, está pensando en otra. Incluso en su lápida, en lugar de su ciudad natal, Grenoble, figura Milán. Sus testimonios son tan disparatados como las matemáticas que aprende Fausto en la cocina de la bruja: cada carta, cada documento, cada libro (con todas sus anotaciones) son una mascarada, que plantea un difícil reto para los estudiosos de Stendhal.

Nuestro escritor es además un actor consumado. Cuando se trata de él, no hay nada que podamos dar por sentado, ni siquiera la información que contienen sus fragmentos autobiográficos, sus cartas y sus diarios. A pesar de su aparente sinceridad y del rigor con el que se juzga a sí mismo, Stendhal es demasiado caprichoso como para «mantenerse fiel a la verdad durante mucho tiempo». Sus confesiones son sólo parcialmente correctas. Incluso como psicólogo actúa como un diletante, en el sentido que tiene la palabra en italiano, alguien que ejerce una actividad por placer y no como deber de conciencia. Las confidencias que comparte hoy, las enmienda al día siguiente, alterando, ocultando o mezclando datos deliberadamente. Por eso, Arthur Schurig ha tenido una idea magnífica al compilar todos los fragmentos en los que Stendhal habla de sí mismo (con excepción de los de las novelas), adjuntando además los documentos más importantes de su círculo de amigos, para tratar de ofrecer una visión lo más completa posible del autor, desde distintas perspectivas. Así ha surgido *La vida de un extraño* (Insel, Leipzig), una biografía que no aspira a serlo y, sin embargo, resulta cien veces más divertida, reveladora y concluyente, en su calidad de anecdotario, que el célebre estudio del historiador Arthur Chuquet, bastante superficial. El libro recoge con un rigor asombroso todo lo que Stendhal dejó escrito sobre su persona, que, como es lógico, no es poco, teniendo en cuenta que hablamos de un hombre al que le apasionaba la psicología, que instituyó en su testamento un «Premio Stendhal para el estudio del alma humana», al que luego se sumó la concesión anual de una medalla «*Nosce te ipsum*». Autoconocimiento, el placer de reflexionar sobre uno mismo, he ahí la pasión, muchas veces obsesiva, de un hombre cuya única ocupación era callejear por la ciudad, curioseándolo todo. No le interesaban ni el arte, ni la literatura, ni el éxito; sólo se preocupaba de sí mismo. Si salía al mundo era solamente para observar cómo se reflejaba la realidad en su conciencia, la de un «egoísta», según se consideraba a sí mismo. Esta conciencia, reconstruida a partir de innumerables fragmentos, ofrece una imagen viva e inolvidable del autor, un retrato imprescindible para todos los admiradores de Stendhal y más aún para todos aquellos que pretenden serlo.

Junto con su novela más hermosa, la novela de su vida, tres editoriales anuncian la publicación de sus obras: Propyläen ha escogido para este proyecto a Oppeln-Bronikowski; Insel se propone competir con las traducciones de Schurig y de otros; y Georg Müller lanzará una edición a cargo de Franz Blei y de Wilhelm Weigand. De momento, las tres se encuentran más o menos a la misma altura. A mí, personalmente, me gusta un poco más la edición de Propyläen, por cómo cuida los detalles: esmerada encuadernación, magnífica impresión, formato manejable y una excelente traduc-

ción de Arthur Schurig y de Friedrich Oppeln-Bronikowski, dos especialistas en Stendhal, solventes y con un enorme prestigio. Aunque no he podido examinarla en profundidad, la versión de Rudolf Lewy y de Erwin Rieger que
publica Georg Müller parece que no le va a la zaga. Las románticas figuras de Stendhal vuelven a reflejarse en tres espejos distintos. El mítico jugador de lotería de Civitavec-
chia escribió: «Veo mis libros como una especie de boleto;
sólo sabré si está premiado cuando se publiquen en el año
1900». Hoy está de enhorabuena, porque, al menos en Alemania, ha ganado una apuesta muy arriesgada, una terna,
una triple edición, cuyo premio es la inmortalidad.

NOTAS SOBRE BALZAC

Hemos recibido una magnífica noticia. Una joven editorial, Franz Ledermann, ha emprendido una empresa digna de elogio, aunque nada fácil: la traducción de las obras de Honoré de Balzac, el Napoleón de la literatura francesa. De momento, está previsto que la edición cuente con diez volúmenes. Un proyecto arriesgado desde el punto de vista artístico (y me temo que también desde un punto de vista empresarial), porque la obra de Balzac no es un conglomerado, sino un complejo. Publicar la obra de Balzac en diez volúmenes es un plan tan ambicioso y tan desproporcionado como pretender explicar su figura—principio y fin, punto de partida y de llegada de la novela, no sólo de la francesa—en un solo ensayo. Lo que uno pueda decir sobre este escritor en un simple libro no serán más que notas, apuntes sobre sus obras, signos de exclamación, como testimonio de su asombro, y, de vez en cuando, un humilde signo de interrogación. En suma, juicios parciales, impresiones dispersas…, notas. ¡Cómo va a llegar uno al fondo de la cuestión, cuando se encuentra ante un autor insondable!

En primer lugar, ¿cómo presentar a Balzac al público alemán en sólo diez volúmenes? ¡Mediante una selección de sus obras maestras, naturalmente! Sin embargo, en el caso de Balzac, esto no es tarea fácil, pues la obra maestra de su vida son los ochenta y siete tomos de sus obras completas. A éstas se podrían sumar, tal vez, dos relatos breves—*Una pasión en el desierto* y algunos de los *Cuentos droláticos*—, que rozan la perfección dentro de los estrechos límites de un género que no le permitía desarrollar todo su potencial, su brillante arquitectura, por lo que se contentaba con cincelar estas pequeñas joyas en prosa, casi como un juego. El resto de sus obras se consumen bajo el calor abrasador de su temperamento, ese ardor creativo, febril, que a menudo le llevaba a trabajar hasta dieciocho horas seguidas, en las que su cerebro sobreexcitado sufría alucinaciones. En esas jornadas apenas tomaba alimento; sólo el café negro, humeante, mantenía viva la llama de su pasión creativa. Todas sus novelas se asientan sobre amplios sillares cuidadosamente labrados, como los de los palacios florentinos. Un edificio macizo, que aspira a elevarse a las alturas. Los personajes se describen con todo detalle; las situaciones se estudian y se plantean reposadamente; los destinos, trazados con mano firme, se entrecruzan. Cuanto más se aproximan, más impetuosos y violentos se vuelven. Forman un ovillo inextricable, se revuelven en una febril confusión, son zarandeados de un lado a otro, hasta que el escritor, cansado de tanto alboroto, da un puñetazo sobre la mesa para imponer orden. Lo que en un principio es puro arte, termina convertido en una novela por entregas. Al comienzo, quien domina es el Balzac escritor, pero luego es el Balzac redactor quien, apremiado por las deudas, tiene que poner punto final a la novela a cualquier precio, para poder entregársela al editor. Empieza como un tejedor, anudando cada hilo con cuidado, y termina arrancándolos todos de un tirón como un niño impaciente. Sólo una vez he tenido un manuscrito de Balzac entre mis manos, en la Biblioteca Nacional de París, y pude comprobar que esta evolución se refleja incluso en los trazos de su caligrafía. Al comienzo de la novela, la letra era elegante, serena y bastante clara—si es que algo así se puede decir de la afiligranada escritura de

Balzac, la propia de una mujer—; en cambio, al final es más apresurada, empieza a torcerse y a encorvarse, y termina llenando la hoja de borrones. Como les sucede a todos los hombres de talento, la fuente de la que bebe el genio nutre también el misterioso torrente de la vulgaridad. El temperamento de Balzac es como un volcán en erupción, que estremece al propio cielo con sus llamas, irradiando una luz que ilumina la comarca con una prodigiosa belleza, para al instante siguiente enterrarla bajo una corriente de lava.

Hay otro motivo por el que cualquier selección que se haga de las novelas de Balzac resultará necesariamente parcial. Casi todas sus obras—que forman *La comedia humana*— están encadenadas unas a otras, por lo que, para comprenderlas adecuadamente, hay que tener una visión de conjunto. Balzac, como todos los que han intentado representar la vida en su totalidad, no aspiraba a ofrecer una descripción detallada del mundo, sino una síntesis global. En primer lugar, toma París como modelo general. Luego, para reflejar la sociedad, se centra en tres salones. Y, por último, para hablar de la humanidad, escoge unos cuantos tipos, figuras petrificadas que encarnan cualidades abstractas. Él, el novelista más rico de la literatura moderna, no se preocupa del individuo concreto, sin importancia, observa a los cientos de hombres que conoce, agrupa a aquellos que son semejantes y crea un prototipo. No necesita muchos médicos; cada vez que necesita uno, recurre a Bianchon, unas veces como estudiante, otras como profesor y otras como simple *causeur*. Rastignac representa al aristócrata de salón; Canalis, al poeta; Lucien de Rubempré, al periodista. Los mismos personajes aparecen una y otra vez en todas sus novelas, aunque en cada una de ellas los contemplemos desde una perspectiva distinta. El Rastignac de *Las ilusiones perdidas*, pragmático y arrogante, sin escrúpulos y sin corazón, el modelo del *arrivé*, no se puede comprender sin el joven Rastignac, aquel estudiante crédulo, bondadoso, honesto, que llegó a París (es decir, al mundo), y fue testigo de la tragedia de *Papá Goriot*, con quien aprendió a «utilizar a los hombres y a las mujeres como caballos de posta; da igual que revienten cabalgando, siempre se los puede sustituir por otros en la siguiente parada: lo importante es llegar a la meta cuanto antes». Las figuras de Balzac no se agotan en una sola novela, como ocurre, por ejemplo, en la literatura alemana moderna, donde acompañamos al protagonista desde la cuna hasta la sepultura. *La comedia humana* comprende veinte volúmenes y su protagonista no es un personaje, sino la vida, que rige los destinos de unos y otros. El objetivo no es dejar una historia cerrada, por eso, cada novela viene a ser como el torso de una estatua, como un fragmento que se suma a otros miles.

¿Qué son los personajes de Balzac? ¿Figuras, caracteres, casos o simplemente tipos? En primer lugar, hay que tener en cuenta que todos ellos están dominados por la pasión. A Balzac le interesaban los relatos intensos, agitados. Los detalles concretos, a pesar de su importancia, eran, a lo sumo, colores de una paleta, no el cuadro; instrumentos musicales, no la melodía. Nunca le gustaron los hombres tibios. En *Historia de los trece*, por ejemplo, cada callejón tiene su propio temperamento, cada casa posee una personalidad determinada y cada animal constituye en sí mismo una especie; por eso, sus personajes también tienen que destacar por algo, deben tener un rasgo que los defina, una pasión. Antes de que pasen a formar parte de sus libros, todos son prácticamente iguales, individuos soñadores, idealistas, tiernos y dóciles. Entonces los toma en sus manos y los coloca ante un destino, les asigna una pasión. A partir de entonces se encuentran en los salones, en las calles, en la arena de la vida. Aunque no se conocen, antes o después terminan chocando entre sí y poco a poco asumen su destino. Hablar de pasión no equivale a hablar de amor; existen otras pasiones mucho más fuertes. ¿Acaso el ansia con la que los dos protagonistas de *El primo Pons* coleccionan pinturas no es tan violenta como los delirios amorosos del viejo barón de Nucingen, que dilapida su fortuna con una prostituta? ¿La obsesión por el absoluto que destruye a Balthazar Claës no es tan poderosa como la candidez con la que Père Goriot sacrifica su vida por sus hijas? ¿El rencor social de Vautrin, ese presidiario que aparece en los libros de Balzac con veinte máscaras distintas, el orgullo de Rastignac, la mezquindad de Delphine, la codicia de Madame Vauquer, la bondad de Schmucke no queman como el metal fundido? No hay ningún escritor que haya hecho tanto hincapié en la fuerza del destino como instrumento que construye la personalidad y ninguno que se haya preocupado tan poco por las pasiones innatas. Siempre es la pasión la que desencadena la tragedia, una pasión tan violenta que sofoca sin piedad cualquier otro sentimiento, igual que Bonaparte destruyó a los magníficos generales que le rodeaban para convertirse en Napoleón. Como las pasiones desatadas trastocan cualquier equilibrio, la superficie de la novela se altera, los acontecimientos se precipitan y surge la catástrofe. Casi todas las novelas de Balzac tienen un final desastroso, con giros repentinos provocados por algún elemento externo que se cruza en la trama y arrasa con todo sin compasión.

Los personajes de Balzac, todo un ejército, no pueden ser más diversos. El presidiario alterna con el *roué*; el erudito, con el conserje; el oficial, con el arribista. Todos recorren el mismo camino, sin un propósito definido, sin una meta clara. Vienen a París, al mundo, y una noche se encuentran con un palacio espléndido o se quedan mirando un elegante faetón que gira hacia el Bois llevando a una hermosa dama de aspecto soñador. Todos piensan lo mismo: esa casa tiene que ser para ti, esa mujer tiene que ser para ti, París, ¡el mundo!, tienen que ser tuyos. Todos sus héroes quieren conquistar a los demás, tener éxito, así que se ponen manos a la obra. Uno decide estudiar y sus pasos le conducen a la sala de disección, otro acaba en el dormitorio de una hermosa *cocotte*, un tercero se ve en el campo de batalla, el cuarto pulula por los salones de la alta sociedad y el quinto busca la piedra filosofal. Uno—Rastignac, un tipo sin escrúpulos que quiere ascender socialmente—, tal vez dos, lo consiguen; los demás sucumben, el choque con la realidad los destruye. Así son las tragedias de Balzac. El análisis de los rasgos que conforman el carácter y la reflexión acerca de la conducta humana alcanzan en su obra un nivel nunca visto. Como dice Taine en su famoso ensayo, ha logrado reunir «junto con Shakespeare y Saint-Simon una inagotable colección de materiales sobre la naturaleza del ser humano». Su trabajo no tiene parangón dentro de la literatura universal. No en vano, Honoré de Balzac escribió las siguientes palabras bajo la imagen de Napoleón: *«Ce qu'il n'a pu achever par l'épée, je l'accomplirai par la plume»* ['Lo que él no pudo acabar con la espada, lo cumpliré yo con la pluma'].

Centrémonos en el propio Balzac. ¿Cómo llega uno a acumular tanto conocimiento sobre los hombres y sobre la vida? La biografía del autor no ayuda a esclarecer este enigma, al contrario. Apenas tuvo trato con el mundo, su contacto con la sociedad se reduce a dos o tres años. Las obras maestras de su juventud las escribe en una modesta buhardilla. Pronto se apodera de él la fiebre por el dinero. Vive para ganarlo y para dilapidarlo. Su imprenta y sus especulaciones le llevan a la ruina. Las deudas pesan sobre él como el plomo. Escribe febrilmente, día y noche, para pagar todo lo que debe. Pero las deudas siguen acumulándose. Dinero, dinero y dinero; no piensa en otra cosa. Madruga y trabaja durante todo el día, hasta bien entrada la noche. Alcanza la fama, pero no disfruta de ella. De vez en cuando se embarca en un proyecto disparatado, como los de los héroes de sus novelas. Pretende volver a explotar las minas de Cerdeña, abandonadas desde los tiempos de los romanos. Invierte una enorme cantidad de dinero para poner en marcha el negocio, pero lo único que consigue es aumentar sus deudas. Los manuscritos de sus novelas están vendidos, cuando aún no les ha puesto punto final. Los acaba a toda prisa para empezar otros nuevos. Al final, la máquina no puede más y explota. El coloso se viene abajo sin haber tenido ocasión de crear una obra que responda verdaderamente a sus aspiraciones.

Apenas disfrutó de la vida. Incluso sus aventuras amorosas fueron más ficción que realidad. De hecho, son fundamentalmente relaciones epistolares. Balzac, el mago de la ilusión, podía fantasear con una mujer igual que se proyectaba en los héroes de sus libros, en lucha contra el destino, tratando de conquistar París una y otra vez. Es probable que un escalofrío de placer le recorriera la espalda cada vez que escribía «renta de cien mil libras», la misma sensación que experimenta un estudiante de bachillerato cuando garabatea la palabra *amor* en un poema. Apartado de la realidad, encadenado a su escritorio, trabajando febrilmente, sus personajes (no convive con nadie más) se vuelven reales para él. Se trata de una alucinación artística que roza lo patológico—Flaubert escribió sobre ella una carta inolvidable en respuesta a una *enquête* de Taine—, un trastorno que estimula la creación plástica, ya que el escritor no trabaja a partir de conceptos abstractos, sino de figuras que, para él, son reales. Taine describe perfectamente este estado en apenas dos líneas; es como si hubiera leído el *Análisis de las sensaciones* de Mach: «*Les êtres imaginaires ne naissent, n'existent et n'agissent qu'aux mêmes conditions que les êtres réels. Ils naissent de l'agglomération systématique d'une infinité des causes*» ['Los seres imaginarios no nacen, no existen ni actúan sino en las mismas condiciones que los seres reales. Nacen de la acumulación sistemática de una infinidad de causas']. Es decir, el potencial evocador de los personajes de ficción hace que sean tan reales como cualquier fenómeno físico. Esto es lo único que puede explicar la vida de Balzac. Fue así como este hombre hambriento de vida, que ansiaba el poder desesperadamente, creó un mundo propio, al margen del real, y experimentó la dicha y la desdicha de sus propios personajes, sus terribles conmociones, dando, de este modo, un contenido a su existencia y a sus pasiones.

Lo único que le preocupaba del mundo exterior eran las deudas. Pensaba en ellas a cada página que escribía, calculando los francos que iba a reportarle. Por eso, no es de extrañar que la obsesión por el dinero domine a sus héroes y desempeñe un papel destacado en todos sus libros. En este sentido, Balzac introduce una temática nueva en la novela moderna. Los sentimientos que inspira el dinero, como símbolo de poder, son el motor de grandes y pequeñas epopeyas. Es la primera vez que se analiza la importancia de los bienes materiales desde un punto de vista psicológico. Balzac sabe que, para un joven, es igual de doloroso negarle un coche a una dama por no tener cinco francos en el bolsillo que negárselo por celos, por orgullo, por vanidad o por cualquier otra pasión. Todos sus héroes calculan. Saben lo que cuesta ver a su amada: la factura del sastre, que supera sus ingresos anuales, un coche, una rosa, una camisa elegante y una propina para el sirviente. Saben lo humillante que resulta vestir un viejo frac cuando una persona distinguida los invita a su palco. En estas situaciones sufren tanto como con un desengaño amoroso. La presencia de estas pequeñas tragedias cotidianas hace que sus novelas nos sepan a verdad, convirtiéndose en un testimonio de la mentalidad moderna. A Balzac le divierte contar anécdotas como éstas—acaso recuerdos de su juventud—, pero disfruta mucho más explicando cómo operan los grandes especuladores, el cuidado con el que planifican sus inversiones en bolsa (el rigor con el que trata estos asuntos le distingue claramente de otros escritores de su época; un buen ejemplo sería Dumas padre, el autor de *El conde de Montecristo*, cuyo protagonista consigue trescientos mil francos casi por arte de magia). Los proveedores del ejército, los panaderos, los burócratas, los hombres de negocios amasan enormes fortunas en el período que media entre la Revolución francesa y la época de la Restauración, años turbulentos en los que los arribistas se enriquecen y las clases acomodadas se arruinan, en los que el dinero entra y sale a raudales, y la codicia se desata marcando el destino de toda una generación que contempla con estupor cómo formidables sumas de dinero pasan de mano en mano, cambiando la suerte de las personas, muertos de hambre se hacen millonarios de la noche a la mañana y grandes capitales se evaporan como el mercurio por la pasión de derrochar. París se convierte entonces en un caldero de dimensiones gigantescas en el que se cuecen todos los apetitos, como en el Infierno de Dante, donde la humanidad entera se retuerce víctima de la avaricia que la consume: dinero, mucho dinero, millones, miles de millones..., enormes fortunas.

Ahora bien, ¿podríamos decir que la voluntad de poder es la filosofía de vida de Balzac? Lo más probable es que el escritor no tuviera una única filosofía de vida, sino varias, incluso contrapuestas, que se entrecruzaban en su yo más íntimo. Teniendo en cuenta su inmensa capacidad de fabulación, su talento para proyectarse en sus personajes, el foco donde radica su genio, es prácticamente seguro que cada vez que hace hablar o pensar a alguna de sus criaturas acepta su opinión como un hecho indudable. Era nihilista mucho antes de que se acuñase el término (como el presidiario Trompe-la-Mort), ambicioso y oportunista (como Rastignac), altruista (como Goriot, entre otros), materialista (como Bianchon), por mencionar sólo algunas de las escuelas de pensamiento en las que podría encajar. Se interesó por el positivismo, por las teorías químicas y biológicas, por la frenología de Gall, tan en boga en su momento, asimilando sus planteamientos con inteligencia y sagacidad. Todos estos materiales salen en tromba cuando escribe, se alzan como un surtidor de paradojas, sutilezas y *aperçus*, que en muchas ocasiones tienen el carácter de axiomas, aunque un hombre tan impulsivo como él no se tomara la molestia de fundamentarlos y mucho menos de convertirlos en leyes sobre las que construirse una imagen del mundo. En realidad, muestra una exasperante indiferencia, es prácticamente un fatalista. Una oscura intuición, un presentimiento del que casi se avergüenza, le acerca a la mística. Él, cuya mirada aguda, penetrante, desvela cualquier secreto, se encuentra perplejo ante la inmensidad del universo y busca algún sentido. Publicó dos relatos breves, muy curiosos, inspirados en Swedenborg, *Louis Lambert* y *Serafita*, que se apartan del cauce principal por el que discurre su obra. Es como si se situaran fuera de su literatura para entroncar directamente con su vida. En ellos—como ocurre en *La misa del ateo*, cuando el librepensador entra en la iglesia—yacen enterradas muchas de sus creencias más íntimas, aunque se encuentran a una profundidad desde la que resulta muy difícil sacarlas a la luz. La única luz que brilla en ese abismo es la mirada visionaria de Balzac, que vela angustiado entre el cielo y la tierra, tal y como Rodin lo esculpió, vuelto sobre sí mismo. Quien desveló sin pudor mil vidas ajenas, liberándolas de su envoltura, para mostrar su esencia, su núcleo candente, encerró su verdad más honda en ese mismo cofre de bronce.

EL CÓDICE DE LA VIDA
ELEGANTE, DE BALZAC

Estamos acostumbrados a comprender mejor la personalidad de un autor a medida que profundizamos en sus obras. La de Balzac, en cambio, se vuelve más enigmática cada vez que se publica un estudio o un documento sobre él, porque su genio no tiene que ver con un libro en particular, sino con el conjunto de su obra, gigantesca, plural, abierta a todas las posibilidades, un cosmos que une unas épocas con otras, un compendio de todos los usos y costumbres, de todas las opiniones y convenciones, que constituye en sí mismo un misterio. La suma de todo este material tomado directamente de la vida y reunido en una obra absolutamente incomparable es lo único que nos permite intuir quién fue el auténtico Balzac, un autor que compartió con nosotros su memoria, que volcó en su obra todas sus impresiones, por fugaces que fueran, más aún, que describió con una asombrosa maestría incluso aquello que no habría estado en su mano conocer y cuya esencia captó gracias a su genial sensibilidad, reflejándola con más acierto que cualquier entendido, que cualquiera que lo hubiera vivido en primera persona.

Uno de sus libros, un tratado sobre la elegancia que acaba de rescatarse del olvido justo ahora, es un buen ejemplo de ello.[1] Balzac no tuvo ni tiempo ni posibilidades de ser elegante (él mismo lo confiesa en esta obra: «El hombre acostumbrado al trabajo no puede concebir la elegan-

---

[1] *Physiologie des eleganten Lebens. Unveröffentlichte Aufsätze von Honoré de Balzac*, ed. e intr. W. Fred, Múnich, Georg Müller, 1912.

cia»). En su juventud, cuando estudiaba, vivió en la miseria, atormentado por la pobreza, frustrado por un empleo sin ningún aliciente que durante el día le obligaba a encerrarse en un despacho de abogados y por la noche le mantenía preso en un lóbrego cuarto de alquiler. Entonces, la elegancia era un lujo que no podía permitirse y, más tarde, cuando empezó a hacer dinero (que gastaba con la misma rapidez con la que lo ganaba), no disponía de tiempo libre, amarrado como estaba a su escritorio, encadenando una obra con otra, tratando de cumplir los plazos de entrega. No tenía tiempo para preocuparse por la elegancia—que hable sobre ella, que la defina de una forma magistral no significa nada—y tampoco talento, por no hablar ya de su porte físico: era un hombre gordo, robusto, con un cuello fuerte que sobresalía por encima de la camisa, la cara roja y los dedos bastos como los de un carnicero. Quienes lo conocieron no parecen apreciarlo por su buen gusto, al contrario. Balzac incumple el primer precepto que él mismo establece en este libro: no llamar la atención. La indumentaria que utilizaba en casa era verdaderamente asombrosa. Todo el mundo recuerda su hábito de monje, una prenda amplia que vestía, sobre todo, por vanidad, como las mujeres durante los meses que dura el embarazo, para disimular la deformidad de su cuerpo. Cuando salía al teatro, le gustaba llevar chalecos vistosos y un gigantesco bastón con el retrato de Madame Hańska oculto en la empuñadura, una pieza famosa que más tarde adquiriría Oscar Wilde. Parece que su único propósito era dar la nota, y todo el mundo le criticaba por ello. Puede que tanta maledicencia estuviera motivada únicamente por la envidia de los parisinos. En cualquier caso, Balzac estaba muy lejos de ser un vividor y, en una de sus obras, llega a disculparse por ello, apelando al derecho del artista a huir de la moda.

Puede que Balzac no fuera un hombre elegante, pero eso no quiere decir que no tuviera una idea muy precisa de lo que se requiere para serlo. Tiene argumentos para justificar prácticamente cualquier cosa. Adopta una posición conciliadora para poder darles la razón a todos, al que ahorra y al que derrocha, al pragmático y al soñador, al que tiene un carácter enérgico y al que es débil por naturaleza. Su literatura es buena muestra de ello. Tiene un talento innato para defender todas las opiniones con la misma convicción. Es lo que ocurre en este caso, donde improvisa un sistema teórico para explicar en qué consiste la elegancia. Años antes había hecho lo propio con el amor y también con la voluntad, en torno a la cual teje una curiosa teoría, expuesta en *Louis Lambert*, y no explicada aún del todo. En el fondo, sus obras contienen miles de axiomas, asideros a los que agarrarse para poder salir de la confusión en la que se sume quien tiene que formular un juicio sobre cualquier asunto en el que existen opiniones enfrentadas. El propio Balzac nunca se tomó la molestia de ordenar todas estas ideas para construir una imagen del mundo. Prefiere confundirse entre los personajes de sus obras. Era piadoso con los piadosos, ateo con los que negaban a Dios, elegante con los dandis y rústico con los campesinos. Sus puntos de vista terminan solapándose con los de sus figuras literarias, por lo que en sus novelas apenas queda algo del autor. Nada sería tan peligroso (Fred ha sabido evitarlo hábilmente) como identificar cualquiera de estas posiciones con el parecer del escritor, ni siquiera en lo que se refiere al arte o a la novela, pues, con la maestría de un sofista, suele afirmar una cosa y la contraria.

Es lo que ocurre con el libro que nos ocupa, una recopilación de artículos de Balzac, seleccionados y ordenados por W. Fred, quien realiza un excelente trabajo, en el que demuestra su creatividad y su buen gusto. Teniendo en cuenta el título, cualquiera diría que, para el novelista, la elegancia era lo más importante del mundo, cuando sabemos que, en realidad, le resultaba bastante indiferente. Ahora bien, cualquier tema adquiría interés en el momento en que se sentaba a su escritorio y empezaba a escribir acerca de él. Por otra parte, hay que tener en cuenta que siempre aspiró a proyectar una imagen global del mundo, por lo que ningún objeto aparece aislado jamás, sino que se integra dentro de un conjunto, de un sistema de pensamiento que conforma una teoría universal. Cuando Balzac decide convertirse en novelista, concibe *La comedia humana*, un compendio de los estados, actividades y afectos de su época. Cuando se propone redactar unas notas sobre el amor, construye un sistema, y aunque los principios en los que se basa sean rudimentarios, los propios de un hombre de mundo, adopta, atendiendo a la importancia del tema, una forma estrictamente científica, no exenta de ironía. En cierto sentido, imita la ética de Spinoza, trabajando con axiomas, demostraciones, definiciones y conclusiones, y hay que reconocer que logra darle a su sistema un aspecto riguroso y serio; por inocente, por traviesa que sea la mano que lo ha creado, la rabiosa ligereza de su prosa, la deslumbrante brillantez de los axiomas que resplandecen como diamantes auténticos, eternos, seducen a cualquier lector. No hay más que recordar sus descripciones de la campaña de Rusia, en la que jamás tomó parte, o la plasticidad con la que evoca los paisajes de Siria o las luchas de España, sin haber realizado jamás un estudio serio sobre ninguno de estos países, para aceptar que es perfectamente posible que una persona como él, solitaria, trabajadora y en absoluto elegante, se convierta en «elegantólogo».

Como ya he dicho, no hay que tomarse demasiado en serio las teorías que va bosquejando este *arbiter elegantiarum*. No debemos olvidar que, en último término, su apología de la elegancia es fruto de las circunstancias, responde a la necesidad de ganarse la vida, al deseo de enriquecerse, y tiene como propósito ingresar dinero con una serie de artículos de periódico para los que escogió este tema, y que fue publicando a lo largo de los años, aunque ahora, a posteriori, se hayan reunido en un solo libro, algo que no responde a la intención original de su autor. Me parece extraordinariamente inteligente por parte de W. Fred el haber incluido en la selección el encantador *Pequeñas miserias de la vida conyugal*, el más humillante, también el más certero, de todos los libros escritos para los maridos, porque, en cierta medida, da idea de la mediocre existencia que llevan muchos de los que tratan de hacerse pasar por personas elegantes, pues, y ésta es una de las ideas fundamentales de Balzac, la elegancia no afecta exclusivamente al exterior, comienza en el alma y exige incluso cierta educación: «Para poder llevar una vida elegante, hay que haber cursado, al menos, el bachillerato», dice en cierto momento, dando a entender que la sofisticación exterior, que muchos identifican con la elegancia, no es más que un reflejo de la pulcritud interior. Para él, la ropa que uno viste es un indicador de su carácter, igual que las manecillas del reloj indican la hora. Si uno hojea las páginas de sus novelas, se dará cuenta del valor que atribuye a la vestimenta. Antes de describir a un personaje, se ocupa de su atuendo, decide si se ajusta a la moda o no, repasa las manchas y los desgarrones de su abrigo, calcula el dinero que se gasta en vestir y cómo puede pagar la factura. Muchas veces, en *La comedia humana* se fija en la diferencia que existe entre un sombrero nuevo y uno que acaba de plancharse para que no tenga tan mal aspecto. En *Las ilusiones perdidas* el frac que lleva Lucien de Rubempré, una prenda carente de gusto, le conduce a la catástrofe. Balzac ama al dandi, porque constituye un carácter en sí mismo, y al escritor le apasionan los personajes que se identifican con un perfil concreto que puede describir con exactitud. Por eso dedica uno de sus artículos al viejo Brummell, el más famoso de los dandis, recogiendo datos y anécdotas sobre el personaje, realizando una magnífica descripción, todo un monumento. Es una de las piezas más encantadoras de este libro y nadie debería perdérsela.

En general, se trata de una obra ingeniosa, chispeante, en la que todo llama la atención del lector, pues el continuo juego de palabras y opiniones tiene un efecto electrizante. Si uno se acerca a ella sin saber nada de Balzac, pensará que la ha escrito algún humorista, un genio como Beaumarchais o como Molière, que contempla la vida como una farsa y sabe captar con maestría la frivolidad, la volubilidad del sentimiento. Es una nueva muestra de la asombrosa capacidad de Balzac para confundirse con la materia que trata en cada momento, para volverse ligero con las cosas ligeras, trágico con las graves y profundo con las que exigen una reflexión filosófica. Es ese misterioso vacío que caracteriza el alma de los grandes autores que, como Shakespeare, encarnan al artista en su plenitud, un ser casi divino, inefable.

W. Fred, al que le interesan ante todo las «formas de vida» como expresión de la cultura, rinde un enorme servicio al público alemán publicando unos textos aparentemente triviales, que redimirán al lector de la seriedad y del aburrimiento, mostrándole cómo se puede ser ligero sin volverse superficial, cómo desarrollar una teoría sin ahogarse en un océano de papel y, sobre todo, que está bien que un gran artista deje a un lado su gravedad y juegue con las cosas que está acostumbrado a valorar desde un punto de vista ético, contraponiéndolas entre sí. Nos ha prometido una segunda parte: la esperamos impacientes.

«LA EDUCACIÓN SENTIMENTAL», DE GUSTAVE FLAUBERT

Creo que va siendo hora de que alguien diga algo positivo de esta novela, que a todos les parece extremadamente aburrida. Así la ha valorado desde siempre el público francés, que ya se había sentido decepcionado cuando Flaubert, que había encandilado al mundo con *Madame Bovary*, decidió dejar a un lado la novela sentimental para publicar *Salambó*, un mamotreto cuya acción transcurría en África y que no interesó a nadie. Con la aparición de su siguiente novela, *La educación sentimental*, un documento íntimo y personalísimo, el público le dio la espalda de forma definitiva y el autor se retiró de la escena literaria sintiéndose incomprendido. Igual que ocurre con nuestro Grillparzer, Flaubert sintió un dolor amargo, punzante, que fue atenuándose a medida que echaba raíces y terminó transformándose en una dulce melancolía, expresada con un estilo elocuente, difícil para el lector, del que no se preocupa en absoluto, porque, en este caso, lo importante para el autor es analizar su propia vida, no la ajena. El motivo de semejante conmoción es un episodio—*el* episodio—que marcó su destino. El autor lo refleja en esta novela y, aunque lo entierra en lo más hondo, se puede reconstruir con todo detalle. Se trata de una historia de amor. Hoy conocemos el nombre de la dama y los pormenores de la relación, pero esto no es lo importante, porque es externo. Lo importante es lo interno, la prodigiosa ternura con la que una naturaleza poética, alentada aún por el suave aliento del Romanticismo, convierte un sueño, un encuentro fugaz, en un acontecimiento que transforma la vida, dándole un propósito más noble, iluminándola con la sutil luz del amor, que se refleja en una prosa con un marcado acento lírico. Ahora bien, ¿por qué «*éducation sentimentale*»? No se puede decir que Frédéric sea un sentimental. Se trata de un muchacho joven y apuesto (una figura que siempre ha dado mucho juego a los grandes autores), con un espíritu soñador, pero no creativo; un poeta que fantasea con el amor, pero que no escribe ni un solo verso; un esteta con una indudable sensibilidad, aunque no le sirva de nada. Encarna la pasividad frente a la vida real, un rasgo que Flaubert odiaba, por lo menos, tanto como Balzac. Si alguna vez se comporta como un sentimental, lo hace movido por el amor. «Todo lo que en ellos se censura como exagerado me lo ha hecho usted sentir»,* le dice a su amada al final de la novela, en parte agradecido y en parte molesto, pensando en las emociones que hasta entonces sólo conocía por los relatos románticos. En realidad, lo que le vuelve sentimental son detalles anecdóticos: el color de un vestido, sentir la mano de ella apretando la suya, un suspiro. Concede más importancia a un gesto cualquiera que a la mismísima Revolución francesa, que apenas encuentra eco en su corazón de esteta. Es exagerado en sus sueños; prudente, delicado y noble en sus hechos; más que un poeta, podría decirse que es un poema puro y tierno. «Envidiaba el talento de los pianistas, los chirlos de los soldados. Deseaba una enfermedad peligrosa, esperando así interesarla». La ama como Dante a Beatriz. «Una cosa le admiraba: que no estaba celoso de Arnoux; y no se la podía imaginar sino vestida; tan natural le parecía su pudor». El libro está lleno de

---

* Gustave Flaubert, *La educación sentimental*, trad. Hermenegildo Giner de los Ríos, Barcelona, Penguin Clásicos, 2016, edición digital. Todas las citas de la obra proceden de esta edición.

muestras de ternura como ésta, que dan idea de la entrega incondicional del protagonista. Destacan dos escenas trágicas, atormentadas, descritas con un estilo frío, cuidado, con una expresión contenida, que les confiere un encanto irresistible. Es el instante en el que Frédéric se echa a llorar en brazos de una mujer desconocida, y la escena final, el reencuentro con la amada, ahora anciana—un momento cargado de nostalgia, como una nube que, al caer la tarde, se inflama por última vez con el color rojo de la pasión—, cuatro páginas insuperables, unas de las mejores de la literatura francesa.

Flaubert, el incorruptible notario de la realidad, el observador imparcial atento a todos los detalles, el escritor objetivo y cabal que no cede en ningún momento ante el idealismo, acumula detalles y más detalles con la intención de bloquear el camino que conduce a su alma, donde guarda un tesoro de romanticismo. En la novela hay pasajes increíblemente aburridos—compadezco a la traductora [Luise Wolf], que ha cumplido muy bien con su tarea y, por lo que sé, sólo ha resbalado en dos ocasiones sobre la prosa de Flaubert, una superficie de hielo lisa como un espejo—, pero hay que admitir que, junto con la *Correspondencia*, es el mejor retrato de Flaubert, que ha llevado hasta sus últimas consecuencias la tragedia de Balzac, la paradoja de un artista estéticamente perfecto en un entorno burgués, que desprecia el estilo. Por eso, aunque uno lea esta obra por entretenimiento, no podrá dejar de percibir esa dulzura que, por curioso que resulte, emana de la amargura más profunda.

EL LEGADO DE FLAUBERT

Su obra siempre ha estado envuelta en el misterio. La vergonzosa condena de las autoridades convirtió a *Madame Bovary* en un éxito formidable. Francia aguardaba y temía su siguiente obra. Flaubert guardó silencio durante años. Entonces llegaron *Salambó* y *La tentación de san Antonio*, novelas con una temática compleja, que fueron recibidas con recelo por el mismo público que en su día le había encumbrado a la fama. El escritor volvió a sumirse en el silencio una y otra vez. Largos paréntesis en los que no publicaba nada. Hasta que, por fin, tras la espera, aparecía una nueva obra maestra. Así eran las novelas de Flaubert, marcadas por el silencio, rodeadas de misterio, como si vinieran de otro mundo. Nadie sabía a qué se dedicaba en el tiempo que mediaba entre un título y otro. Sus amigos lamentaban que no aprovechase mejor su talento; sus detractores hablaban de un ingenio estéril, de falta de creatividad. Unos y otros se equivocaban. Flaubert no paraba de trabajar. Sus contemporáneos, acostumbrados a autores que publicaban continuamente, esperaban lo mismo de él y no alcanzaban a entender el laborioso proceso que debía seguir para forjar esas frases duras como el acero, para conseguir esa tensión, esa concentración hasta entonces desconocida. En aquel entonces se suponía que el artista debía ser pródigo en obras.

Flaubert comenzó a escribir cuando Balzac y Dumas inundaban el mercado con sus libros, que además solían guardar relación entre sí. Los personajes pasaban de uno a otro dando pie a nuevas tramas, todo un baile de acontecimientos que se desarrollaba a un ritmo frenético, un torrente creativo que fluía sin cesar. No se tomaban ni un momento de descanso, no se detenían por nada, casi escribían más de lo que el público de su época podía leer, hacían cualquier cosa para llamar la atención, para despertar el interés de los lectores, tenían que estar en boca de todos, ésa era su vida. Desarrollaban una actividad febril, estaban en permanente tensión. Después de este despliegue artístico, verdaderamente abrumador, llegan los primeros textos de Flaubert, que tuvieron que parecer pobres comparados con un material tan exuberante y tan copioso. Luego, cuando su estrella comienza a declinar, aparece otro trabajador infatigable, el heroico Zola, una torre prácticamente perfecta, construida con sillares geométricos, cuya fama se proyecta sobre las letras francesas cubriéndolo todo con su sombra, incluso a su discípulo Maupassant, un autor amable, ingenioso y popular. Flanqueado por novelistas tan prolíficos como éstos, a resguardo de la mirada de lectores más curiosos, es natural que su obra pasase desapercibida, que pareciera pequeña, insignificante, una rareza envuelta en un halo de misterio. Nosotros somos los primeros que podemos apreciarla en toda su envergadura—escuchamos los gritos atormentados que resuenan en sus cartas, valoramos sus fragmentos, descubrimos el ingente trabajo de corrección que revelan sus manuscritos—y, por ello, estamos en condiciones de decir que el esfuerzo que supusieron estos cinco libros no es menor ni menos productivo que el de Balzac y el de Zola con sus cincuenta novelas. El secreto de Flaubert se revela por fin ante nosotros y la admiración nos obliga a ponernos de rodillas ante este autor venerable, que supo sacrificarse en silencio como ningún otro.

Hasta ahora sólo teníamos sus novelas, frías estatuas de bronce, obras imperecederas de aspecto clásico, sin demasiada relación entre sí, salvo por ese estilo intachable que acreditaba su origen común. Nada sabíamos del terrible fuego en el que se templaban, un fuego discreto, cuidadosamente preservado de las miradas ajenas, que devoraba toda la escoria sobrante, todas las impurezas que podían echar a perder su encanto. Ahora que su legado ha salido a la luz, podemos hacernos una idea de las obras que descartó, de todas las páginas de prueba que tuvo que redactar el aprendiz antes de convertirse en maestro. El libro que Paul Zifferer acaba de publicar en Alemania[1] nos permite por fin echar una mirada al taller del maestro. La fragua arde de nuevo, se ve el humo, se percibe el fervor con que trabaja el metal fundido para obtener una obra pura, eterna, que presentar ante el mundo.

Este primer volumen de las obras póstumas de Flaubert contiene los relatos de un jovencito de quince, dieciséis, dieciocho años, que acaba de dejar atrás la infancia y empieza a explorar el mundo de la creación literaria. Son textos que le sirven para aprender, una especie de escuela de escritura o, si queremos contemplarlos desde una perspectiva más elevada, estudios literarios como los que le obligaba a escribir cada semana a su discípulo Maupassant para que se ejercitase en el piano del idioma. En cualquier caso, se trata de estudios magistrales. Los acontecimientos que refieren los libros de historia que maneja el muchacho se convierten en materia novelable, cada página es una incitación para este escritor en ciernes que se deja llevar por su fantasía. Se interesa por Felipe II y lo que lee sobre él sirve de base para una escena; la reina de Borgoña deja de ser una figura abstracta y sale a nuestro encuentro como un

---

[1] *Flauberts nachgelassene Werke. Erster Band: Flauberts Werke bis zum Jahre 1838*, trad. y pról. Paul Zifferer, Minden, J. C. C. Bruns, 1910.

personaje de carne y hueso. Escribe de manera impulsiva, sin reflexionar, sin preocuparse de la forma, sin ese terrible sentido de la responsabilidad que transforma la escritura de sus años de madurez en una incesante lucha. Entonces llega a obsesionarse, pelea por cada palabra, apenas avanza; ahora, sin embargo, las imágenes lo inundan todo, su prosa es un estallido de luz y de color. No tiene nada que ver con el Flaubert tardío, concentrado, prudente, reflexivo, pero, de algún modo, se perciben ya ese dominio de la expresión y ese compromiso con el estilo.

Hay mucho que pulir en estos relatos, que buscan la perfección y se pierden en los detalles. Desbocado, persigue al galope la inspiración. Está tan ansioso por escribir que no se detiene a dar forma artística a lo que produce. El mayor atractivo de estas obras primerizas es la saturación de los colores, el claroscuro propio de Rembrandt. El mundo del joven Flaubert está dominado por la melancolía. Es como un niño desamparado. Todas sus historias acaban con la muerte. Domina un ambiente frío y fantasmagórico que se asemeja y al mismo tiempo se distingue claramente del que encontramos en sus obras tardías, de una nitidez cristalina, donde el aire transparente, puro como la nieve, resalta los contornos, realza los colores, para que alcancen la máxima pureza. En este caso, los objetos aparecen envueltos en una atmósfera húmeda y nebulosa, como si camináramos entre tumbas. No sé si Flaubert habría leído a E. T. A. Hoffmann, pero muchas de sus páginas comparten el tono siniestro y lúgubre del menos alemán de los autores alemanes. Es como presenciar una danza de la muerte, un corro sombrío, *macabre*—no se puede definir de otro modo—, al que sus personajes se van uniendo. Llama la atención el cuidado con el que se ocultan los sentimientos, la separación que se establece entre el mundo y el yo, la voluntad de preservar las propias vivencias, tan propio del Flaubert tardío, que se refugia en la realidad objetiva, escapando de las emociones y de cualquier tipo de inquietud. El muchacho protege celosamente su intimidad. Cuando Flaubert habla de sí mismo, se cubre con una máscara. La pieza autobiográfica con la que se cierra el volumen, que ya había aparecido en francés de forma fragmentaria, lleva por título *Memorias de un loco*. Si uno escucha con atención, oye los latidos de un corazón infantil agitado, temeroso; y si se fija bien, descubre que, bajo la luz pálida y gris de los acontecimientos, brillan los colores de una vida verdadera.

El valor de estos relatos no reside en su calidad artística. Si éste fuera el criterio, si hubiera que juzgarlos por el nivel que alcanza el Flaubert maduro, el más elevado que haya establecido un autor, la decisión estaría clara: habría que descartarlos de inmediato. En cambio, si atendemos a su valor humano, como testimonio del proceso de maduración de un artista, habrá que reconocer que estos documentos no tienen parangón y son, por lo tanto, de un valor inestimable. Un repaso al legado de Flaubert hoja por hoja, texto por texto, constituye una lección de autodisciplina que la nueva generación de escritores no debería pasar por alto. Flaubert rechaza fragmentos, artículos, relatos y hasta una novela entera, *La espiral*; habría que preguntarse cuánto de lo que hoy pasa por arte y se hace llamar literatura, cuántas de las novelas que apreciamos y admiramos habrían resistido el examen de Flaubert. Capa a capa, como en una excavación arqueológica que indaga en la cultura de un pueblo antiguo, desconocido, descubrimos ahora este curioso yacimiento de inspiración y de trabajo que llamamos Flaubert. Es una ocasión única para estudiar los cimientos sobre los que se construyó la obra de este gran novelista.

Paul Zifferer ha editado con rigor filológico, cuidando cada palabra, los primeros trabajos del escritor. Ha redactado además un prólogo escueto, impresionista, pero brillante, que da vida a la infancia del maestro de Rouen. Comienza así una tarea que exige responsabilidad, atención y respeto. Ahora que sabemos dónde estaba enterrado el tesoro, tendrá que refrenar nuestra curiosidad, que querría tener mañana mismo el siguiente volumen y pasado mañana el tercero. A Flaubert no se le puede leer rápidamente, no se le puede traducir rápidamente y no se le puede entender rápidamente. La enseñanza de su arte, el ejemplo de su vida, por muchas vueltas que se le dé, se resume en una sola palabra: paciencia.

ULENSPIEGEL REDIVIVO

Por fin la «Biblia belga», el evangelio literario del pueblo flamenco, se ha traducido al alemán.[1] Uno puede pensar lo que quiera sobre las traducciones; puede estar enfadado, con razón, viendo que nuestras editoriales inundan el mercado con obras francesas aburridas, sin interés ni relevancia alguna; puede albergar cierto resentimiento por la indiferencia, incluso por el desprecio y por la arrogancia, con que nuestros vecinos se cierran a la literatura alemana; pero, en este caso, no puede dejar de recibir con júbilo una obra que va a depararle muchas satisfacciones. La epopeya de Charles de Coster educará nuestro gusto artístico, servirá para saldar una deuda pendiente y, sobre todo, proporcionará al público alemán la oportunidad de conocer un texto delicioso. No se trata de confirmar si la obra merece o no alcanzar fama dentro de las letras universales, no se trata de fomentar la admiración o de despertar el entusiasmo del público, sino de entrar en contacto con un clásico prácticamente inédito. De la misma manera que Gobineau pasó desapercibido en Francia durante años y sólo fue reconocido por sus compatriotas después de ganarse el favor de los alemanes, de la misma manera que Maeterlinck y Verhaeren son más leídos y más apreciados en Alemania que en el olvidadizo y frívolo París, creo que, en esta oca-

[1] Charles de Coster, *Tyll Ulenspiegel und Lamme Goedzak. Legende von ihren heroischen, lustigen und ruhmreichen Abenteuern im Lande Flandern und anderen Orts*, trad. y epíl. Friedrich von Oppeln-Bronikowski, Jena, Eugen Diederichs, 1909.

sión, también será Alemania la que sentará las bases para que De Coster alcance un justo reconocimiento. Desde el principio, su destino estuvo marcado por la fatalidad. Fue un escritor valiente y enérgico, al que se despreció en vida; su nombre cayó en el vacío y no se ha vuelto a recuperar hasta hoy. Recuerdo que hace años, en París, estuve hablando con un autor francés acerca de esta obra imperecedera. Tanta pasión puse en mis palabras que mi amigo decidió adquirir un ejemplar. Estuvimos recorriendo librería tras librería, pero no lo encontramos en ninguna. En la mayoría ni siquiera habían oído hablar de él. No nos quedó más remedio que encargárselo a un pequeño y oscuro editor de Bruselas. El lector alemán lo va a tener más fácil. Eugen Diederichs ha decidido incluirlo en su catálogo editorial y Friedrich von Oppeln-Bronikowski ha realizado una magnífica traducción, que reproduce fielmente el contenido y el estilo del original. Una vez más, Alemania va a dar a conocer al mundo a un gran artista, que no ha sido suficientemente valorado y de cuya obra nadie sabía nada hace tan sólo treinta años.

Hay tres motivos que justifican la publicación de este libro en Alemania. En primer lugar, De Coster es alemán; nació en Múnich, en 1827. La ciudad del Isar debería sentirse más orgullosa de su hijo (hasta ahora, su nombre ni siquiera figuraba en enciclopedias como el *Meyers Konversations-Lexikon*); la capital bávara habrá dado pocos hombres tan grandes como él en el último siglo. En segundo lugar, Alemania tiene una deuda de gratitud con De Coster por lo mucho que la amó. Su arte se inspira en las tradiciones populares, bebe de la cultura germana. Como ha demostrado una reciente investigación, los padrinos de Ulenspiegel son *Don Carlos*, de Schiller, y *Reinike, el zorro*, de Goethe. Y, en tercer lugar, desde una perspectiva puramente humana, ha llegado el momento de reparar una colosal injusticia: la indiferencia y la falta de interés que sufrió este autor tanto en vida como después de su muerte.

Charles de Coster fue un mártir. Comenzó a escribir en una época en la que no existía una literatura belga como tal; los periódicos y los editores no se interesaban por los autores nacionales, y París era la estrella que marcaba el rumbo del arte imponiendo un estilo muy determinado. Él, sin embargo, se apartó decididamente del gusto de la época. Sin dejarse llevar por el desaliento, sacrificando su vida personal y profesional, se dedicó a escribir durante quince años un himno a su patria, la misma que le despreciaba y le obligaba a pasar hambre. No hemos llegado a saber cuánto dinero cobró de su editor por esta obra maestra, el trabajo de toda una vida, un editor que ese mismo año había pagado trescientos mil francos a Victor Hugo por una de sus novelas, pero podemos estar seguros de que De Coster recibió una cantidad muy inferior. De hecho subsistió con pequeños trabajos durante toda la vida y, al final, acabó como profesor de literatura en la Academia Militar de Bruselas, donde se convirtió en un personaje muy querido entre los jóvenes estudiantes, no por su actividad literaria, sino por su simpatía, por su buen humor y por ser un caballero de pies a cabeza. Nadie se interesó por su obra. Dos viejas doncellas, una tendera y una vendedora fueron las únicas a las que contagió su entusiasmo sin que se rieran de él. Llegó demasiado pronto y también se marchó demasiado pronto, en el año 1879. Murió como Juan, sin haber visto al Salvador, justo antes de que sus sueños patrióticos se hicieran realidad. De la generación de artistas que reclamó la atención del mundo para Bélgica, Constantin Meunier, Maeterlinck, Verhaeren, sólo conoció a Camille Lemonnier, que se encargó de pronunciar su discurso fúnebre. Este joven literato fue el único que estuvo junto a su ataúd—ningún sacerdote quiso oficiar su funeral, porque en su obra había defendido la libertad como la aspiración más noble de Bélgica, su meta más alta—, él y los cadetes de la Academia, que acudieron con sus uniformes de gala para llorar la muerte del entrañable profesor. Ninguno de ellos era consciente de que aquel día, en una modesta tumba del cementerio de Ixelles, estaban enterrando a un gran artista.

Charles de Coster pasará a la historia como el autor de *La leyenda de Thyll Ulenspiegel*, una novela inolvidable, eterna, universal y épica como la Ilíada, una obra llena de fuerza y de originalidad, que marca el comienzo de una literatura, un hito que se alza en solitario dando rúbrica a toda una época. Una obra así sólo podía escribirla un autor marginado, ignorado por todos. La soledad puede destrozar al artista o elevarlo hasta el infinito. Si hubiera buscado el éxito, tal vez se habría apresurado para acabar su obra, tal vez habría decidido acortarla, tal vez habría rebajado sus aspiraciones. Pero, como sabía que no podía esperar nada de su generación, se propuso escribir para la siguiente. Quince años dedicó a esta obra. Viajó para estudiar los lugares y el color de los paisajes, revolvió documentos alemanes, holandeses, flamencos, franceses en todos los archivos, no tuvo prisa, no se apuró, pasó hambre y necesidad para convertir aquel libro en algo único. Y lo consiguió. No es sólo la obra de su vida, sino la obra de toda una nación. El hecho de que Bélgica no haya reconocido aún su valor sólo se explica por circunstancias externas como el elevado precio de la edición o la torpeza y la desidia de este pueblo. Pero llegará a ser un libro popular, porque se ha nutrido del folclore y porque destila un inefable amor, violento y apasionado, por el país y por sus gentes. La novela cuenta la historia de Thyll Ulenspiegel, el alegre bufón. Pero sus bromas y sus locuras se concentran en los primeros capítulos del primer libro; la divertida mascarada acaba pronto, en cuanto aparece el trágico rostro del destino. De Coster sitúa a Ulenspiegel en la época del levantamiento de los holandeses contra los españoles, un momento clave para su patria. La Inquisición se convierte en una pesadilla para un pueblo que hasta entonces había vivido despreocupado. En cada ciudad, en cada aldea arden las hogueras cuyas llamas consumen a los herejes. El rey Felipe II, «heredero de la Corona de España», aparece como una figura siniestra y terrible, un monarca lejano que vive recluido en El Escorial, donde disfruta atormentando a sus animales, atemorizando a las personas que le rodean y maquinando todo tipo de crímenes contra los más inocentes. El país, en el que antes reinaba la alegría, sufre atenazado por el terror. Lo mismo le ocurre al pícaro Thyll Ulenspiegel, que deja de reírse cuando ve a su padre torturado y quemado en la hoguera. La madre recoge un puñado de sus cenizas, las introduce en un saquete de seda y se lo cuelga del cuello a Ulenspiegel. Los restos de su padre le acompañan a cada paso, permanecen junto a su corazón como advertencia del serio peligro que correrá en el futuro. El protagonista se une a los *gueux*, los sublevados que luchan contra España. Mientras hace bufonadas en el mercado, instiga al pueblo contra Felipe II; mientras parece vagar inocentemente por el país, lleva mensajes y realiza misiones secretas para el príncipe de Orange, y finalmente, cuando se desata la guerra, el bufón se convierte en soldado y no descansa hasta conseguir la libertad de Flandes.

Es importante tener en cuenta que no lucha sólo por unos ideales políticos, sino por otros valores superiores. La humanidad de las figuras, su autenticidad, no debe distraernos, no debe hacernos perder de vista que son símbolos de algo más elevado. En la lucha que libran Flandes y España se enfrentan además la alegría de vivir y el ascetismo, el dios Pan y Jesucristo. Ulenspiegel representa el alma de Flandes, la dicha inmortal, el deseo de vivir, una voluntad imposible de doblegar. Al final del libro, cuando se le da sepultura como a un muerto, sacude la tierra que han arrojado sobre su cuerpo, se levanta de un salto y vuelve a la vida. «¿Enterráis a Thyll Ulenspiegel, el espíritu de Flandes? Puedo dormir, pero no morir». De Coster quiere representar la esperanza de su pueblo en el futuro y, a través de ella, la eterna lucha entre la libertad y el sometimiento, el triunfo de la vida frente a quienes la amenazan. Por esa razón, su obra jamás perderá actualidad, siempre conservará su fuerza y su frescura, seguirá inspirando a las generaciones venideras, alentando su ilusión, se mantendrá tan joven como Ulenspiegel, que no puede envejecer, porque vuelve a florecer una y otra vez en el alma de cada hombre que goza y se alegra con las cosas terrenales.

No sabría decir cuántas veces he leído esta obra tanto en el original francés como ahora en su traducción al alemán. No me canso, porque encierra una riqueza asombrosa, dota a las escenas de una enorme originalidad y les da un tono picaresco digno de las aventuras de Simplicius Simplicissimus. Cada personaje es una pequeña joya: Lamme, el comilón, el Sancho Panza de Ulenspiegel; Nele, la joven fresca y desenvuelta; y, frente a ellos, la negra silueta de Felipe II y las máscaras desfiguradas de los traidores. Su estilo es radicalmente nuevo, una pintura o, aún mejor, un mosaico dividido en cientos y cientos de aventuras, pequeñas escenas de género, que parecen obra de Gobineau y que en muchos casos recuerdan a las delicadas imágenes de Brueghel o de Teniers, a medio camino entre el gozo de la vida de Rubens y la trágica semioscuridad de Rembrandt. Los

documentos cobran vida, los personajes son de carne y hueso, los hechos históricos se transforman en poesía. Se nota
que el autor empeñó todos sus esfuerzos, su vida entera,
en esta obra y que no es el corazón de un individuo el que
late dentro de ella, sino el de todo un pueblo, que por fin
ha encontrado a su poeta.

Ahora, este libro soberbio puede leerse por fin en alemán. La traducción no le ha perjudicado en absoluto, al
contrario, las expresiones propias del bajo alemán, el dia-
lecto que se habla en el este de los Países Bajos, y que en
francés son como escollos contra los que rompe la marea,
suenan mucho más naturales en la traducción de Oppeln-
Bronikowski, que las ha envejecido con un barniz arcai-
zante. Hay que agradecerle el esfuerzo que ha realizado
al enfrentarse a una obra tan amplia—una novela de seis-
cientas páginas—y felicitarle por el talento artístico que ha
demostrado; agradecimiento y felicitaciones que hay que
hacer extensivos a Eugen Diederichs por haberse atrevi-
do a publicar este libro (que llevaba cinco años recomen-
dándoles encarecidamente a los editores alemanes, siempre en vano). Confío en que se leerá y se apreciará. Alemania puede estar orgullosa de sí misma: ha vuelto a demostrar que no le afecta la indiferencia de otras naciones y que
está dispuesta a hacer honor a la buena literatura con cariño y entusiasmo, ofreciéndoles una patria a aquellos que
no la tienen.

EL TRIUNFO DE LA CATEDRAL. (NOTAS SOBRE «LA ANUNCIACIÓN A MARÍA», DE PAUL CLAUDEL)

A lo largo de los siglos, el espíritu francés ha erigido dos edificios símbolo de la cultura: la catedral, sede de la fe, construida con bloques de piedra maciza sobre la misma tierra que cultivaban los campesinos, y el *temple de la raison*, el edificio intelectual que da cobijo al ser humano y representa su libertad. Afirmación y negación de la fe, religión y revolución, dos tradiciones que han luchado y luchan por dominar el espíritu francés, indestructible una por la pétrea belleza de Reims, de Chartres o de la prodigiosa Notre Dame, imperecedera la otra por los históricos acontecimientos de 1793, por los valores que ensalza *La Marsellesa*. Esta lucha secular—en la que se enfrentan monarquía y república, fe y escepticismo, cosmopolitismo y nacionalismo—se libra en oleadas, unas veces arrecia y otras amaina, pero nunca se calma por completo, fluye, palpita, enardece a las masas, proporciona torrentes de energía a un pueblo maduro y sensible. El triunfo de una facción enciende los ánimos de la otra, la república es reemplazada por la monarquía, y ésta, a su vez, por el imperio, hasta que de nuevo triunfa la república, emblema de la intelectualidad. Sin embargo, a pesar del avance del escepticismo, la llama de la nostalgia metafísica no se ha extinguido jamás. Una generación de artistas se opone a otra, tradición y modernidad chocan entre sí.

El naturalismo, la máscara literaria del materialismo, un movimiento grandioso y sublime que sedujo a toda Europa ofreciéndole la posibilidad de acercarse al mundo desde un punto de vista científico, está en trance de desaparecer. La generación de Flaubert, de Zola, de Maupassant no deja herederos. Sólo queda Anatole France, el genio latino, el último discípulo de Voltaire en nuestro siglo. El sueño del cosmopolitismo toca a su fin. «*Gesta Dei per Francos*», este antiguo lema vuelve a resonar entre las filas de la juventud. Sobre el humo de las ciudades se alza de nuevo la trémula silueta de la catedral, envuelta en un dorado fulgor.

El genio y la originalidad del arte francés (sobre todo, si lo comparamos con el alemán) reside en la tradición. Para evolucionar tiene que volver una y otra vez a sus inicios. Se renueva incesantemente. Nunca comienza de cero. Cada época toma como punto de partida los logros de la anterior. Zola completa a Balzac; Verlaine, a Villon; Voltaire, a Pascal, y Anatole France, de nuevo a Voltaire. El arte francés es un todo estructurado, no una amalgama. Cada poeta, cada pintor ocupa el puesto que le corresponde. La anterior generación fue revolucionaria; la de ahora es medieval, leal y creyente. Niega la soberanía de la *raison*, sólo obedece a la *foi*, a la fe, a la intuición (una diosa cuyo profeta es el filósofo Bergson y a la que el compositor César Franck, el Bruckner de Francia, dedica sus himnos). Estamos volviendo a la Edad Media, estamos recuperando aquella misteriosa unión de fuerza y humildad que caracterizaba el éxtasis místico.

La máxima expresión artística de la Edad Media francesa fue la catedral. Aquí, a diferencia de Alemania, no hubo un Lutero, un Holbein, un Durero, un Cranach, ni ese fruto tardío de la Reforma, sublime y original, Johann Sebastian Bach, heredero de siglos de tradición. Su Edad Media se identifica con la catedral, una obra prodigiosa, construida con sillares de piedra y flamantes vidrieras que crean un ambiente único, propio de Rembrandt, jugando con la luz y la oscuridad, un misterio en el que la fuerza se une con la fe. Por eso, el estilo que triunfa es el románico. Las catedrales alemanas son joyas del gótico, se alzan hacia el cielo como si fueran espadas, espléndidas, amenazantes, para clavarse en el corazón de Dios. Las catedrales francesas se han levantado poco a poco, piedra sobre piedra, con infinita paciencia; son edificios pesados, macizos, imponentes, que parecen arrodillarse antes la soberanía de Dios. La catedral nos enseña a ser pacientes; sus discípulos más aventajados son Flaubert y Rodin, que han creado obras inmortales paso a paso, con admirable perseverancia. No es una obra efímera, sino eterna; no sirve a la soberbia del intelecto, sino a la humildad del corazón. Lo que importa es la fe del artista en su obra y la fe del creyente en su Dios. Lo que parecía pasado de moda—Barrès, Bourget, arribistas que justificaban su obra apelando a la piedad—ha terminado imponiéndose. Si Verlaine renovó el catolicismo, Claudel lo ha llevado a su plenitud. No hablo de clericalismo, como los partidarios de Dreyfus o los aristócratas de Saint Germain, sino de una fe que mueve montañas, que obra milagros en una época que había dejado de creer en ellos, que conforta el alma, que une la mística y la tradición, de ese catolicismo que levantó catedrales con infinita paciencia.

Hace dos años le pregunté a Faguet, el crítico literario más agudo de la Sorbona, su opinión sobre Paul Claudel. Respondió (con una sinceridad envidiable) que no tenía ninguna opinión sobre él, porque era la primera vez que escuchaba su nombre. ¡Cómo iba a conocerlo! A sus cuarenta años, Claudel no ha vivido jamás en París, no se ha dejado ver jamás por los salones literarios, no ha pensado jamás en poner en escena alguno de sus dramas (si se le hubiera ocurrido, los empresarios teatrales se habrían muerto de la risa), no ha buscado jamás el favor de la crítica para hacerse famoso. Ha escrito sus dramas siendo cónsul de Francia en Fuzhou, Pekín, Praga o Fráncfort, para sí mismo y para un reducido círculo de admiradores. Sus obras ahondan en el alma; lo terrenal, lo efímero se consumen en su fuego, muestran la verdad desnuda, sin disfraces, con formas plásticas, extasiadas, envueltas en el incienso de las palabras, que excita los sentidos y, al mismo tiempo, los embriaga. Sus versos—prosa bajo la cual se percibe la música del órgano—se consagran, como el vino, en un precioso cáliz y, convertidos en sangre, oscura y resplandeciente, nos embargan con su fuerza. La literatura francesa no había creado hasta ahora metáforas tan mágicas, tan cautivadoras, un bullicioso torrente de poesía, una catarata de palabras que inundan el corazón. La filosofía cristiana, que reinterpreta el universo y lo transciende, de acuerdo con las manecillas de un reloj invisible que se rige por otro tiempo—la eternidad—, rodea su obra poética y, al mismo tiempo, late en su interior, haciendo que poesía y fe se confundan en un éxtasis lírico que contempla el mundo como una unidad. Para encontrar algo semejante en las letras alemanas tendríamos que recurrir a Novalis, cuyo fervor poético por lo universal es, en muchos aspectos, incluso más fino. El catolicismo de Claudel debe entenderse en el sentido de Novalis. No tiene nada que ver con la ostentación de un Barrès, de un Bourget o de un Coppée, es hijo del fervor y busca el milagro, el éxtasis místico. Un catolicismo que, en último término, se identifica con la exaltación de Verhaeren, con el panteísmo de Romain, con quienes mantiene una relación fraternal, no por su contenido, ni siquiera por su espíritu, sino por la chispa poética que prende la llama de un sentimiento universal, de un misticismo que prevalece sobre cualquier concepto.

Este carácter singular, esta vida ejemplar deberían bastar para atraer la atención del público sobre la obra de Paul Claudel, a la que debemos brindar la acogida que merece, una obra que exige un análisis pausado, porque socava los fundamentos del drama rompiendo las normas por las que se guía (normas que sólo tiene que respetar aquel que carece de la fuerza necesaria para echarlas por tierra). Un agudo ensayo de Georges Duhamel sobre Claudel en el *Mercure de France* puede resultar útil para los lectores que quieran familiarizarse con su obra; un artículo de cuatro o de diez páginas en una revista no basta para analizar este nuevo género dramático, que inaugura una línea propia dentro del teatro moderno. La clave está en su obra más reciente, *La Anunciación a María*, todo un símbolo, una sublime homilía que se ha escrito para ser pronunciada en la catedral del corazón.

La obra—que se basa en un texto anterior, *La joven Violaine*, ampliándolo e insuflándole aliento poético—es un prodigio de amor y de sencillez. El fervor de una doncella víctima de una enfermedad incurable, la lepra, que ha permitido que la difamen, resignándose compasivamente a pasar por culpable a los ojos del mundo, obra un doble milagro al devolver la vida a una niña fallecida mediante el sacrificio de su propia sangre, expiando de este modo la culpa que recaía sobre otra persona y dando una unidad mística a la resurrección de Lázaro y a la Inmaculada Concepción en Nochebuena. El milagro no deja de ser un símbolo de la (grandiosa) misión del artista católico Peter von Ulm, del constructor Solness, que alaba a Dios levantando iglesias, poniendo en pie catedrales, las del mítico mundo alemán. Azotado por la lepra (de la sensualidad), su única esperanza es entregarse al trabajo, al espíritu, a la fe. Sólo cuando el alma descubre la humildad interior, su obra se convierte en un milagro, «mientras los arquitectos paganos construyen sus edificios desde fuera, él trabaja desde dentro, como las abejas». Convierte sus poemas en oraciones, sus estrofas en sillares de piedra y los colores de sus versos en luminosas vidrieras. Surge así una obra soberbia, en la que—inspirándose en los textos bíblicos que hablan sobre la construcción del Templo de Salomón—alaba a Dios y expresa extasiado su orgullo de artista:

¡Bendito sea Dios, que ha hecho de mí un padre de iglesias,
y que ha puesto la inteligencia en mi corazón y el sentido de las
    tres dimensiones;
[...]
No labro por fuera un simulacro,
sino que, como el padre Noé, en medio de mi Arca enorme,
¡trabajo por dentro y veo al mismo tiempo todo lo que crece!
¿Y qué es un cuerpo a esculpir a costa de un alma enclaustrada
y de ese vacío sagrado que deja el corazón reverendo que se retira
    ante su Dios?
Nada hay bastante profundo para mí: mis pozos penetran hasta
    las aguas de la Vena madre.
¡Nada hay bastante elevado para la flecha que sube al cielo y
    arrebata a Dios el rayo!
[...]
¡Oh, qué bella es la piedra y qué suave en las manos del
    arquitecto! ¡Y qué cosa tan justa y tan hermosa es el peso
    conjunto de su obra!
¡Qué fiel, y cómo plasma la idea, y qué sombras crea!

¡Y qué bien queda una parra en el más pequeño muro, y encima
el rosal florecido!
¡Qué hermoso y qué real al mismo tiempo!*

Humildad que se transforma en orgullo, en éxtasis, cuando alaba exultante al artista, cuando proclama con fervor su fe en la vida. Oscuridad que se reviste de púrpura cuando atraviesa el colorido filtro de las metáforas, cuando su lengua se entrega a la exaltación de la fe. Se había propuesto presentar una oración sencilla y silenciosa, y el resultado es un himno que resuena como el órgano de una catedral.

Hegner ha realizado una traducción soberbia (mucho más conmovedora que las del resto de los dramas del autor, a cargo de Franz Blei, al que hay que conceder, sin embargo, el indudable mérito de haber dado a conocer a Claudel en Alemania). La puesta en escena de este drama religioso ha corrido a cargo de Reinhardt, que lo estrenó el 3 de julio, en Hellerau, en el mismo edificio en el que Dalcroze enseñaba música, un templo dedicado al culto al cuerpo, donde este misterio medieval, el himno del alma dichosa y pura que, liberada de su cuerpo, busca a Dios, une, al menos por una vez, el templo y la catedral gracias a la exquisita sensibilidad artística de este dramaturgo.

---

* Paul Claudel, *La Anunciación a María*, trad. Francisco Ferrer Lerín, Madrid, Encuentro, 2020, pp. 180-182.

BYRONIANA

Nadie sabía mejor que Byron la fuerza mítica, legendaria, que albergaba dentro de su ser. Una vez lo expresó en un espléndido poema, una advertencia a la posteridad sobre la trascendencia de su obra, ante la que nadie, por mucho que se resista, por mucho que la rechace o que la odie, podrá pasar de largo. Estos versos soberbios, vaticinio de su fama, proclaman el poder de su poesía para sobrevivir al autor:

> With all that chilling mystery of mien
> And seeming gladness to remain unseen
> He had (if't were not nature's boon) an art
> Of fixing memory on another's heart [...]
> You could not penetrate his soul, but found,
> Despite your wonder, to your own wound.
> His presence haunted still; and from the breast
> He forced an all unwilling interest:
> Vain was the struggle in that mental net,
> His spirit seemed to dare you to forget.

[A pesar de su apariencia fría y misteriosa, | a pesar del placer que parecía encontrar en pasar inadvertido, | había aprendido (si es que no era innato) el arte | de grabar su recuerdo en el corazón de los demás [...] | No podías penetrar en su alma, pero descubrías | sorprendido que él podía leer con facilidad en la tuya. | Su presencia te dominaba; y en el pecho | despertaba a la fuerza tu interés, lo quisieras o no: | en vano era debatirse en esa red mental; | su espíritu parecía retarte al olvido].

Esta profecía, aparentemente arrogante, se ha cumplido década tras década. Goethe en Alemania, Grillparzer en Austria, Victor Hugo y Lamartine en Francia, Pushkin en Rusia, Mickiewicz en Polonia se han rendido ante la apasionada personalidad de este poeta incomparable, embriagados por sus versos, subyugados por su genio. Ahora, después de unos años en los que su figura se había oscurecido, una ola byroniana, tan inesperada como impetuosa, vuelve a recorrer Europa. La razón es sencilla. Hace algunos años, la publicación de *Astarté*, de Lord Lovelace, levantó el velo de mojigatería con el que, durante la época victoriana, se habían cubierto las relaciones de Byron con su hermanastra Augusta. Este detalle biográfico ha reavivado el interés por su obra literaria.

El primer signo de esta resurrección en el panorama literario alemán, salvando una escena de un drama de Ernst Toller, ha sido *Demonios y locos*, de Heinrich Eduard Jacob,[1] un relato fulgurante que asciende hacia el cielo como un cohete, proyectando una nueva luz sobre Byron. Explica desde una perspectiva psicológica el papel que desempeñaron el esnobismo y la vanidad de Byron (los rasgos que mejor definen su carácter) en el nacimiento de su vocación literaria, cuando, herido por un ataque personal injustificado, decide demostrarle a todos que es capaz de convertirse en un gran poeta, poniendo todo su empeño en esta tarea, con la misma tozudez, con la misma vehemencia que muestra quien tiene las piernas paralizadas y, para liberarse de su sentimiento de inferioridad, insiste en convertirse en un maestro de la natación. También Max Brod,[2] con *Lord Byron deja de estar de moda*—un drama en tres actos que ojalá podamos ver pronto en escena—, pone el acento en el porte caballeresco y en el destino romántico de un hombre con una fuerza demoníaca, capaz de elevarse por

[1] Heinrich Eduard Jacob, *Dämonen und Narren*, Fráncfort, Rütten & Loening, 1927.
[2] Max Brod, *Lord Byron kommt aus der Mode*, Berlín, Zsolnay, 1929.

encima de todos, pero también de destruirse a sí mismo. En el centro del alma byroniana hay un yo ambicioso, violento, impaciente, que desea romper los límites establecidos, las normas aceptadas en el plano moral, en el literario e incluso en el deportivo. En este sentido, la obra está muy lograda y tiene algunas escenas espléndidas, como, por ejemplo, la muerte de Byron, con la visión de Augusta, su hermana, como símbolo de su sentimiento de culpa por haber arrastrado en su lucha con el destino a otras personas, más débiles que él, que acaban destruidas como consecuencia de su soberbia, aniquiladas por sus excesos. Con la autoridad que le concede ser un autor reconocido, Max Brod destaca el heroísmo de Byron, pero también su arrogancia, en particular como poeta, y esto es precisamente lo que uno echa de menos en la decepcionante novela de Casimir Edschmid, *Lord Byron*,[3] un relato ameno, divertido, pero sin mayores pretensiones, que no entra en las profundidades, en los abismos de su naturaleza. Su Byron, al que en la novela todos llaman Georgy, es un personaje inteligente, pero presumido y charlatán, que practica deporte y fuma cigarrillos, aunque en su época no se hubieran inventado. Su hermana Augusta se llama «A»; Lady Byron, «Bell»; y su madre, una mujer gorda, colérica, que bebe aguardiente y tiene el aspecto de un *landlord*, figura como «Mammy». El libro está lleno de anécdotas y de *small talk*. Sin embargo, cuando llegamos a un punto clave como, por ejemplo, la relación, entre fraternal y hostil, de Byron con Shelley, el único comentario del protagonista después de mantener una conversación espantosamente banal con su amigo es que le parece una «persona simpática». Nada que ver con el que nos transmite Murray: «Comparado con él, cualquier per-

---

[3] Casimir Edschmid, *Lord Byron*, Berlín, Zsolnay, 1929.

sona está al nivel de los animales». En suma, estamos ante un folletín que tal vez guste a los lectores menos exigentes, pero que dejará indiferentes y con mal sabor de boca a aquellos que esperaban más de Casimir Edschmid.

Después de tanta trivialidad, después de convertir la problemática personal y literaria de Byron en un asunto banal, vendrá bien leer una biografía objetiva, clara, equilibrada y completa, como la de Helene Richter,[4] que no tiene nada que envidiar al excelente trabajo que realizó en su día Ethel Colburn Mayne. El carácter demoníaco de ciertos artistas parece ejercer una misteriosa atracción sobre Helene Richter, a la que le debemos el libro más importante, más sensato y más instructivo que se ha escrito en alemán sobre el escritor y pintor de carácter místico William Blake. El método que siguió entonces, y que aplica también ahora, es sólido, ponderado y arroja resultados muy convincentes. Esta obra monumental tiene la virtud de situar a Byron en su época, de modo que el autor, a pesar de su originalidad, no aparece como un meteoro caído del cielo, sino que, de un modo otro, responde a las condiciones que vive su país y su clase social en un momento histórico muy concreto. A partir de ahí, se desarrolla una personalidad apasionada, rebelde y singular, en la que también se refleja el carácter propio de Byron. Se analizan sus influencias europeas, tarea en la que Richter demuestra una asombrosa erudición. Se estudian con atención sus cartas y sus documentos privados, casi tan interesantes como sus obras poéticas. Se nota que detrás de esta biografía no hay años, sino décadas de trabajo, en las que la imagen del poeta ha ido perfilándose cuidadosamente, con todo detalle, un proceso en el que se combina el rigor filológico con la sincera

---

[4] Helene Richter, *Byron*, Halle, Max Niemeyer, 1929.

admiración por el artista, la única manera de obtener un retrato fiel a la verdad.

Mucho amor, muchísimo amor, que contribuye a una mejor comprensión del autor, pero que, tal vez—es el único inconveniente que yo veo—, sea demasiado maternal, lo que la hace mostrarse excesivamente cauta y piadosa. Un buen ejemplo es la relación de Byron con Augusta, su hermanastra, que, desde mi punto de vista, se aborda con una prudencia injustificada, como si hubiera que ocultar un pecado mortal, como si para Byron no hubiera sido, en sentido estricto, un reto del destino, como si no hubiera sido culpa suya que, en el instante decisivo, cuando se produce la crisis (como le ocurre a Goethe con Friederike), optase por salir huyendo, abandonando a su suerte a quien tanto había sufrido por él. También se guarda silencio sobre otro asunto que los ingleses jamás le han perdonado a Byron, y con razón, pues esperaban de él que observase siempre el comportamiento de un *gentleman*; en concreto, su gusto por confesarlo todo, por contarlo todo, su vida privada, sus experiencias más íntimas, por licenciosas que fueran, en docenas de cartas o, para quien tiene un oído fino, en sus obras, aunque tampoco tiene empacho en pregonar sus secretos, incluso los más peligrosos, a los cuatro vientos. Es un aspecto oscuro, que sólo se puede entender como un mecanismo de compensación: el genio se presenta a sí mismo como un hombre introvertido, insignificante, que roza lo ridículo por sus torpes y escandalosas indiscreciones, del mismo modo que el sentimiento de inferioridad suele manifestarse en forma de soberbia y endiosamiento. Estoy manejando *termini technici* propios del psicoanálisis, lo sé, pero creo que a este espléndido libro no le habría venido nada mal contar con el valor y con la libertad que inspiran la nueva psicología. Parafraseando una cita que se ha hecho famosa, podemos decir sin temor a equivocarnos que, hoy por hoy, es imposible escribir una biografía sin recurrir a Freud, sin echar mano del psicoanálisis, que plantea sin tapujos, sin obviar los aspectos más bajos, más físicos de la persona, lo que hay detrás del «sentimiento de culpa», una causa natural y lógica, que la mayoría de las veces no puede ser más obvia. Me habría gustado, por lo tanto, que el estudio científico y literario se hubiera complementado con otro de carácter psicológico. Tal vez no sea casual que, justo antes del título, el libro incluya una lámina que muestra la estatua de Byron esculpida por Bertel Thorvaldsen, quien, siguiendo los patrones clásicos, muestra al poeta con una belleza inmaculada, elevando la mirada hacia el cielo, reflexionando lápiz en mano. Esta misma concepción bella, idealista, que a nosotros se nos antoja anacrónica, es la que domina en esta biografía, ejecutada con la misma técnica que empleó Thorvaldsen para convertir a Byron en una obra de arte, una actitud esteticista, demasiado poética, poco adecuada para los tiempos que corren.

Por eso, conviene que esta biografía, tan exhaustiva y tan bien documentada, se complemente con una investigación psicológica moderna. Me estoy refiriendo al estudio de Charles du Bos,[5] un libro rico, incitante y agudo. Charles du Bos realiza una exégesis profunda. No recurre a imágenes puras, abstractas, sino que traza el perfil psicológico de su objeto de estudio. Lleva años dando charlas sobre Byron y Novalis, sobre Baudelaire y sobre Gide ante un reducido auditorio, quince o veinte personas, en París, cursos que hasta ahora no habían salido a la luz pero que acaban de recopilarse y publicarse. Sus seis primeras lecciones

---

[5] Charles du Bos, *Byron et le besoin de la fatalité*, París, Au Sans Pareil, 1929.

tratan de Byron y de Gide. No alcanzo a comprender la razón por la que un placer tan inmenso ha quedado reservado durante tanto tiempo a un círculo de personas tan reducido. Charles du Bos bucea en el misterio del alma. Salva cualquier dificultad para llegar al núcleo del problema con perspicacia y erudición. Muchas de las incógnitas que rodeaban la vida de Byron, a las que la vieja psicología no había podido dar solución, se despejan aquí por primera vez, sobre todo el curioso triángulo formado por Byron, su hermana y su mujer, y el paradójico contraste entre su soledad, su frialdad interior, y la necesidad de expandir su yo dándole una dimensión universal. Si uno combina estos dos libros, el de Helene Richter, completo, exhaustivo, plástico, con el de Charles du Bos, intuitivo, moderno, revelador, obtiene un acorde perfecto, es como si la mano del destino hubiera querido pulsar a la vez estas dos cuerdas para alcanzar la plena armonía intelectual. Con estas dos obras y la biografía que anuncia Maurois habremos trazado un perfil de Byron que perdurará durante décadas; es lo máximo a lo que pueden aspirar las ciencias humanas, que, por su naturaleza, nunca ofrecen resultados definitivos, pues las preguntas que verdaderamente importan, las que afectan a las realidades humanas, se repiten de generación en generación, animándonos a crear una y otra vez modelos de conocimiento que nos permitan explicarlas. Cuando un problema queda definitivamente resuelto, pierde gran parte de su fuerza vital. Hay figuras—Byron es una de ellas—que jamás podremos agotar y que, precisamente por eso, jamás serán historia, es decir, pasado, sino un mito que sigue teniendo mucho que decir en el presente y también en el futuro.

LA OBRA DE WALT WHITMAN
EN ALEMANIA

Hace como medio siglo, Ferdinand Freiligrath, al que seguimos recordando como pionero de las ideas democráticas, publicó la traducción de un puñado de poemas de Walt Whitman. Era la primera vez que el público alemán oía hablar de este escritor. En aquel entonces, el modelo lírico de la clase educada era más bien Paul Heyse y, en el mejor de los casos, Eduard Mörike, por lo que estos poemas, que no obedecen a ninguna norma, que arrastran al lector con su ritmo desenfrenado, se vieron como la creación de un espíritu bárbaro, del mismo modo que los poemas chinos y japoneses, que surgen de un estado de ánimo muy concreto y no encajaban con el falso clasicismo que imperaba en la época, se recibieron como una curiosidad, piezas exóticas, recuerdos traídos de otras latitudes, sin ninguna relación con nuestro mundo.

Al cabo de un cuarto de siglo, un estadounidense de origen alemán y, más tarde, Johannes Schlaf dieron un nuevo paso para difundir la obra del «gran viejo». Luego llegaron Karl Federn y Max Hayek, entre otros, con sus traducciones de *Hojas de hierba*, que tuvieron una notable influencia entre nosotros y nos permitieron descubrir la esencia de su poesía, al mismo tiempo que, en Francia, nuestro fraternal amigo Léon Bazalgette le abría camino en el panorama literario europeo publicando algunos de sus libros y una espléndida biografía.

Hoy en día, a Walt Whitman se le reconoce como lo que es: la dinamo más potente de la lírica moderna, un autor que transmite enormes cargas de energía concentradas en el ritmo de sus poemas, una fuerza incomparable que irradia su luz a todo el universo. Es un poeta con una vitalidad inagotable, que transciende su propia vida, que llena sus poemas con una ardiente pasión y aún le sobra vigor para hacer que el lector desborde entusiasmo. Tres versos de Walt Whitman, una simple estrofa, bastan para que uno sienta dentro de sí esa chispa eléctrica, todo ese poder que crece y se encumbra, iluminando el núcleo de la existencia con el fulgor del sol para que pueda florecer y dar fruto. No obstante, si uno se deja llevar por la emoción, si se sumerge en la catarata de sus himnos, siente el vértigo del universo, siente que su yo se diluye y se desliza hacia el infinito, arrastrado por la furia de un torrente que le lleva al delirio.

Celebramos la poesía de Walt Whitman por su intensidad. El yo lírico se concentra en un átomo y, al mismo tiempo, lo abarca todo. Sus versos están tan destilados que una estrofa es suficiente para embriagarse y una página completa deja ebrio para toda la vida. El más pequeño de sus poemas, uno solo de sus versos contiene todo Whitman, igual que un bosque entero puede quedar contenido en una semilla. Ahora bien, es hoy cuando aquellos que no han podido leer los textos originales tendrán la oportunidad de hacerse una idea cabal de su obra con la edición que ha preparado Hans Reisiger —¡gracias, gracias de corazón!—, un trabajo magistral, que S. Fischer publica en dos volúmenes.

Completa, amplia, viva y ancha de hombros como su autor, Walt Whitman, aspira a reflejar su lírica sin exagerar y sin simplificar, evitando esos excesos, tan frecuentes hoy en día, que pretenden convertir a un escritor en el poeta de la humanidad y a su obra en una nueva religión o, por el contrario, denigrarlo acusándolo de sectario. Su propósito no es dar a conocer a Walt Whitman como poeta, ese objetivo ya se había alcanzado. Tampoco presentarlo en su vertiente política, como demócrata, ni espiritual, como estadounidense. Su intención es aislarlo y describir sus propiedades físicas: brillante e inagotable como el radio, claro como el agua, luminoso como el sol, puro como el aire de la mañana, con una cohesión indestructible, en la que hombre y obra, vida y poesía, fenómenos distintos pero complementarios, comparten el mismo origen, responden a un impulso único.

Acercarse a un poeta extranjero sin parcelar su obra, sin adaptar sus poemas a la sensibilidad alemana y sin imitar artificiosamente su estilo, relacionándolos con su biografía, para que el lector pueda entrever al hombre y comprender que la lírica forma parte de la vida, aunque no logre desentrañar su misterio y hacerlo patente para todos, ¿qué más se puede pedir? Es justo lo que necesitaba el lector.

Perdónenme si hablo un momento sobre mi propia experiencia. Después de pasarme años leyendo a Verhaeren, Rimbaud, Desbordes-Valmore o Verlaine me he dado cuenta de que lo esencial, lo único importante, y también lo más difícil, es precisamente llegar al hombre y, a través de él, a su poesía. Por eso comprendo tan bien a Hans Reisiger y puedo asegurar que ha realizado un magnífico trabajo respetando el tono original de Walt Whitman, reflejando la pureza y la armonía de sus poemas.

Los versos conservan ese ritmo agitado e irrefrenable. Por primera vez se ofrecen las *Democratic Vistas*, soberbias páginas en prosa, todo un manifiesto por la humanidad que hasta ahora no se habían traducido. Cartas y artículos revelan sus pensamientos más íntimos y personales, una excelente biografía, clara, breve, sincera, sin oscuridades artificiales, limpia y cristalina como la mirada del propio Walt Whitman, una auténtica obra maestra, un prodigio de humildad en la grandeza, sólo comparable con la hermosa semblanza de Léon Bazalgette, testimonio de su amor hacia el poeta.

Estamos ante un libro que uno puede amar profundamente, al que puede volver una y otra vez para embriagarse con su fuerza y con su alegría, un poema humano, hecho de vivencias, por lo que es algo más que un mero libro: es un acontecimiento, un acontecimiento auténtico y genuino, puramente creativo.

NOTAS SOBRE
«ULISES», DE JOYCE

INSTRUCCIONES DE USO

En primer lugar, apoye el libro sobre una superficie firme
para no tener que sostener en la mano esta novela masto-
dóntica mientras lee, pues estamos hablando de un libro
de mil quinientas páginas, que pesa como el plomo y puede
producir daños en las articulaciones. Antes de comenzar
tome la reseña que se adjunta sujetándola entre el dedo pul-
gar y el índice, retire estas páginas que hablan de «la obra
en prosa más grande de este siglo» y se refieren a su autor
como «el Homero de nuestra época», rásguelas y arrójelas
las a la papelera para evitar que esta publicidad estridente
y exagerada despierte en usted unas expectativas irreales,
absurdas. A continuación siéntese en un *fauteuil* (porque
leer esta novela le llevará su tiempo), ármese de paciencia,
recuerde que ha de ser ecuánime en sus juicios (porque se
va a enfadar) y póngase manos a la obra.

GÉNERO

¿Una novela? No, nada de eso. Es más bien un aquelarre de
la inteligencia, un gigantesco capricho, una grandiosa Noche de Walpurgis, una obra genuinamente cerebral. Una
película montada a partir de situaciones, de estados psíqui-
cos, que discurre a toda velocidad, a un ritmo endiablado,
cruzando como una centella los misteriosos paisajes del
alma, llena de detalles geniales e ingeniosos, con una fuer-

za arrebatadora, una ocasión para poner en duda absolutamente todo, para pensarse las cosas dos y hasta tres veces, suma, mezcla y cruce de todas las sensaciones, una orgía psicológica, un relato con una técnica innovadora que nos permite ver la realidad a cámara lenta, congelar el movimiento de los átomos que se agitan sin cesar. Una tarantela del inconsciente, un cúmulo de pensamientos encadenados que giran en furioso remolino, arrastrando consigo todo lo que se cruza en su camino, lo más sutil y lo más banal, lo fantástico y lo freudiano, la teología y la pornografía, el lirismo y la zafiedad de un cochero; un caos que no es fruto de un sueño descabellado, que no ha sido concebido por un cerebro como el de Rimbaud, ofuscado, demoníaco, ebrio de alcohol, sino por el de un intelectual agudo, irónico, incluso cínico, que lo utiliza como un instrumento para reflejar la complejidad de la existencia. El lector está expuesto a toda clase de estímulos. Unas veces deja escapar un grito de alegría, otras se enfada, se deprime, se cansa o siente que le zarandean para que se despierte. Al final acaba tan mareado como quien se pasa diez horas subido a un carrusel o escucha música sin parar, el deslumbrante sonido de las flautas, la percusión más machacona o el ritmo imparable de una banda de jazz; así es la prosa de James Joyce, música con palabras, música moderna, una de las más refinadas orgías lingüísticas que nadie haya emprendido jamás en ninguna lengua. Hay algo heroico en este libro, que, por otra parte, no deja de ser una parodia del arte y de la literatura. En suma, un auténtico aquelarre, una misa negra en la que el diablo se burla de nosotros imitando al Espíritu Santo, haciéndose el inocente; algo único, irrepetible, rabiosamente actual.

ORIGEN

En la raíz de todo esto se descubre el mal. En alguna parte, dentro de James Joyce, se oculta un odio que procede de la juventud, una emoción primaria, propia de quien siente su alma herida. Dublín, su ciudad natal, debe de haberle hecho mucho daño. Odia a sus habitantes, odia a los sacerdotes, odia a los profesores, lo odia todo, y, por eso, todo lo que escribe este novelista genial es una venganza contra Dublín, ya lo era su libro anterior, la soberbia autobiografía de Stephen Dedalus, y también lo es éste, una Orestíada del alma, fría y analítica. Entre sus mil quinientas páginas no habrá ni siquiera diez que reflejen la cordialidad, la generosidad, la bondad, la amabilidad. Todas son cínicas, burlonas y de una violencia extrema, un huracán de indignación, explosivo, nervioso, encendido, que gira a un ritmo desenfrenado, embriagador y fascinante. El autor tiene que desahogarse y, para ello, no recurre sólo a los gritos, a las burlas o a las muecas, sino que saca a la luz todo el resentimiento que le corroe las entrañas, lo vomita con una violencia, con un furor estremecedores. Su genialidad no puede ocultar la profunda emoción con la que escribe, reflejo del temperamento inquieto, bullicioso, vibrante y casi epiléptico con que este hombre se presenta ante el mundo.

ROSTRO

Más de una vez, cuando he levantado los ojos de la lectura, me ha venido a la mente el rostro de James Joyce. Se refleja en su obra. Un gesto exaltado, unos ojos trágicos que miran irónicamente detrás de unas gafas impolutas. Un hombre destruido por el dolor, pero duro como el hierro, firme e inquebrantable, un puritano anacrónico, cuyos antepasados eran cuáqueros, que se dejaría quemar por su fe y que se toma su odio muy en serio, una persona para quien la blasfemia tiene un carácter sagrado, tanto como el que tenían el dogma y la fe para sus abuelos. Un escritor que ha vivido mucho tiempo en la oscuridad, aislado, encerrado, ignorado, sepultado, por así decirlo, bajo los escombros de su época, y de este modo ha conseguido preservar intacto su fuego. Once años enseñando idiomas en la escuela Berlitz, un trabajo terriblemente monótono que embota el espíritu, y veinticinco años de exilio, de privaciones, lo han convertido en un artista agudo, acerado. Hay grandeza en su rostro, hay grandeza en su obra, ese sublime heroísmo de quien se entrega a la palabra y al intelecto sin reservas. No obstante, donde el genio de Joyce brilla con más fuerza es en el odio, en la ironía. Camina sobre el filo de la navaja, desafiando el peligro, torturado, angustiado, seducido por la posibilidad de hacer daño, de atacar y de herir, como si fuera un nuevo Torquemada al frente de la Inquisición del alma. La comparación con Homero se sostiene tan mal como la torre de Pisa; el resentimiento que se percibe en la obra de Dante caracteriza mucho mejor el trabajo de este fanático irlandés.

ESTILO

Su prosa no destaca ni por su arquitectura ni por sus cualidades plásticas. Todo gira en torno a la palabra. James Joyce es un mago del lenguaje, un Mezzofanti al que le fascinan los idiomas (creo que habla diez o doce). Ha creado una sintaxis totalmente nueva y un vocabulario con una vitalidad desbordante. Domina magistralmente cualquier registro: desde el más sutil y metafísico hasta el que utilizaría una mujer borracha que se mueve en las cloacas. Es capaz de recitar de corrido páginas enteras del diccionario, ametralla cada concepto con infinidad de atributos, se balancea en el trapecio de la frase con un valor asombroso, en el último capítulo llega a escribir una sola oración que, por lo que parece, se extiende a lo largo de sesenta páginas (del mismo modo que el vals de mil quinientas páginas que es este libro se desarrolla en un solo día; tal vez debería dedicar su próxima novela a la noche siguiente). En esta orquesta se mezclan los instrumentos vocálicos y consonánticos de todas las lenguas, tecnicismos de todas las ciencias, términos de todos los argots y dialectos. Partiendo del inglés crea una especie de esperanto paneuropeo. Este genial acróbata cruza de un lado a otro de la cuerda floja a la velocidad del rayo, baila entre afiladas espadas y salta por encima de abismos inimaginables. El dominio lingüístico de este hombre es en sí mismo una prueba de su genialidad. La historia de la prosa inglesa moderna comienza con un capítulo dedicado a James Joyce, que se abre y se cierra con él.

«SUMMA»

Una piedra lunar ha caído de pleno sobre nuestra literatura. Una obra magnífica, fantástica, singular, que sólo podría haber escrito él, un genio con un individualismo exacerbado, que tuvo el coraje de poner en marcha este intrépido experimento. Su relato no tiene nada que ver con Homero, nada en absoluto, pues el arte de éste se apoyaba en la pureza de la línea, mientras que en el caso de Joyce nos encontramos ante una pantalla que deslumbra por la fuerza de sus imágenes, que se suceden a un ritmo vertiginoso, suspendiendo el ánimo del lector. Tampoco es Dostoievski, aunque se encuentra más cerca de él por su desbordante fantasía y por su carácter visionario. En realidad, cualquier comparación que se establezca supone un problema, porque estamos ante un fenómeno único, James Joyce es un hito en la historia de la literatura sin vínculos ni con el pasado ni con el presente. Y, al no emparejarse con nadie, es muy probable que no engendre descendencia. Un autor con una carrera meteórica, impulsado por una oscura fuerza vital, y con una obra también meteórica, como la de Paracelso, aquel mago medieval cuyos escritos mezclaban poesía, patrañas metafísicas, mística y espiritualidad, un asombroso bagaje científico y un sentido del humor más que notable, todo ello con un estilo plenamente moderno. Una obra para la que no es tan importante crear un mundo literario como alumbrar un nuevo lenguaje. Sea como sea, nadie puede negar que este libro, un capricho genial, seguirá siendo una rareza sin relación alguna con el resto de la novelística, el único modo de que llegase a tener un efecto fructífero. Con el paso del tiempo terminará ocupando el lugar que se merece, pero nunca se desprenderá de ese misterioso hermetismo que lo elevará y lo convertirá en una obra venerable. En cualquier caso, pido desde hoy respeto para esta novela apasionada, provocadora e inigualable. ¡Respeto, respeto para James Joyce!

EL TRIUNFO DE LA INERCIA

Las leyes de la física coinciden en buena medida con las de la literatura. Cuando nos situamos demasiado cerca de un objeto, éste ocupa todo nuestro campo de visión, perdemos la perspectiva y ni siquiera nos damos cuenta de lo que tenemos delante. En lugar de apartar la mirada, nos acostumbramos a que nuestros ojos se fijen en un solo punto. Por eso, cuando alguien nos hace comprender lo que nos pasa, tenemos la sensación de estar realizando todo un descubrimiento, como si por primera vez hubieran puesto a nuestro alcance algo remoto, de cuya existencia ni siquiera sabíamos. La literatura responde a estas mismas leyes naturales. El destino se acerca o se aleja sin que seamos conscientes de ello; concedemos mucha importancia a cuestiones triviales, anecdóticas, en las que vemos causas, cuando en realidad no son otra cosa que consecuencias.

En cierta ocasión, hablando del amor, Stendhal explicó mediante un ejemplo muy agudo cómo opera nuestra sensibilidad. El hecho de que no percibamos la realidad hasta que ésta se impone de forma inesperada le recordaba al fenómeno que se produce en una salina, cuando uno sumerge un objeto, por ejemplo una rama con hojas y flores, en el agua saturada de sal y, de pronto, observa en ella cristales que no parecían estar allí y que, pasado un tiempo, surgen sin más. La conclusión a la que llega es que los cambios no dependen necesariamente de grandes acontecimientos; en muchas ocasiones, añadir una medida mínima a la cantidad que ya se había acumulado puede provocar una profunda transformación de forma inmediata.

La tesis que formula la novela que tengo delante—voy a hablar de *Oblómov*, de Iván Goncharov, cuya traducción completa se publica por primera vez en la editorial Wiener—ha interesado a muchos, tal vez a la mayoría de los novelistas de la última década. El protagonista del relato es un hombre en decadencia, que va debilitándose poco a poco hasta que finalmente muere. Los escritores han apuntado todo tipo de motivos, justificados e injustificados, previsibles e inesperados, para explicar la aniquilación de una persona, envuelta, por lo general, en trágicas circunstancias, provocada por algún suceso crucial. Las pasiones humanas ofrecían material de sobra para explicar el catastrófico desenlace. Rara vez se han buscado razones más complejas, causas objetivas que inciden de forma directa o indirecta sobre lo ocurrido.

Ésta es la novedad que aporta la novela de Goncharov. Su protagonista, Oblómov, es el ejemplo paradigmático de esa degradación humana y moral de sobra conocida. Ahora bien, si sucumbe, es porque se deja llevar por la inercia. Nada más. Se pasa la mitad del día durmiendo, no sale, rompe cualquier relación con los demás y, poco a poco, pierde el interés por el mundo exterior. La pereza es la catástrofe de su vida. No se produce ningún incidente que ocasione su destrucción, no existe un destino fatal que pese sobre él; al contrario, lo que le consume, lo que va mermando su fuerza son pequeñeces sin mayor trascendencia. Escribir una simple carta supone una obligación que le trae de cabeza, que le angustia hasta que la deja de lado. La conmoción más terrible que sufre su alma es tener que abandonar su antigua vivienda para buscar una nueva.

Un tipo sin carácter. Sin embargo, este juicio no explica por completo a Oblómov. Entre la bondad y la maldad hay un campo de juego muy amplio que queda en manos del escritor. Con unos cuantos trazos que lo oscurecieran estaríamos ante un animal que vegeta sin propósito, come y bebe, pero ni siquiera se reproduce, porque es poco menos que materia inerte. Si le concediéramos una motivación más profunda, Oblómov se convertiría en una especie de filósofo, un estoico que busca la ἀταραξία del sabio, que se aparta voluntariamente de la ralea humana, a la que desprecia por su envidia y su codicia. Pero Oblómov no es ni una cosa ni otra: en el fondo de su alma es un poeta. Cuando sueña despierto es el más intrépido de los hombres, un héroe cuyas gestas hacen historia, que reduce el mundo a escombros y hace que surja otro nuevo. El problema es que se pierde en sus sueños y se olvida de vivir. Cree actuar y permanece inactivo, vestido con su viejo camisón, echado sobre el blando sofá de una sórdida habitación, cuyas sucias ventanas, símbolo de su dejadez, impiden que entre la luz. Como si se tratase de una enfermedad contagiosa, la inercia del señor se ha transmitido al criado Zajar, al que Oblómov desprecia precisamente por su desidia. Como no podría ser de otro modo, le hace responsable de los pequeños percances, de las penalidades que se deben a su propia pereza. Jamás piensa en sí mismo. Sin embargo, de vez en cuando, su conciencia se rebela y se planta delante de él amenazadoramente:

Sintió miedo cuando surgió en su mente la idea viva y clara del destino humano, de su finalidad, cuando la comparó con su propia vida, cuando volvieron a su memoria, unos tras otros, hechos del pasado revoloteando como pájaros asustados, que hubieran despertado de pronto por un rayo de sol. Sintió tristeza y dolor por su falta de preparación, por haber detenido el desarrollo de sus fuerzas morales, por su indolencia, que era la causa de todo; le corroía la envidia al pensar que otros llevaban una vida plena, y que él yacía tirado en el estrecho y mísero sendero de su existencia como una piedra pesada. Despertaba en su tímido espíritu la amarga conciencia de que muchas facetas de su naturaleza seguían dormidas aún, que otras apenas habían despertado y que ninguna había alcanzado un desarrollo total. Sin embargo, tenía la dolorosa sensación de que estaba encerrado en él, como en una tumba, un principio noble, luminoso, que tal vez ya estuviera muerto ahora o que yacía, como el oro, en las entrañas de la tierra, esperando, hacía tiempo, convertirse en moneda de curso legal. Ese tesoro estaba pesada y profundamente cubierto por desechos y basuras. Como si alguien hubiera robado y sepultado en su propia alma los tesoros donados por el mundo y la vida. Algo le había impedido lanzarse a la vida y volar por ella, desplegadas las velas de la inteligencia y de la voluntad. Un enemigo oculto había frenado con mano de hierro su andadura, arrojándolo muy lejos del destino propio del ser humano...*

En medio de esta monotonía encontramos un episodio que podría cambiar el curso de la novela. Un amigo de la infancia—un joven generoso y desinteresado, pues, como es natural, los parásitos se han acercado a él inmediatamente—, el alemán Stolz, trata de despertar a Oblómov de su apatía. Le lleva a casa de unos conocidos, donde encuentra a una muchacha inteligente, discreta, Olga, de la cual se enamora. Y lo curioso es que su amor es correspondido. Esta joven, solícita y tierna, se siente atraída por el carácter abatido y melancólico de Oblómov, que, en el fondo, no es más que pura somnolencia. A veces, bajo la capa de polvo que la cubre, cree percibir el alma de él, pura y vibrante como el cristal. El muchacho se convierte en el centro de su vida.

---

* Iván A. Goncharov, *Oblómov*, trad. Lydia Kúper de Velasco, Barcelona, Alba, 1999, pp. 108-109.

Sabe que está en su mano elevarlo, hacer de él una persona, y se consagra en cuerpo y alma a esta tarea.

Este pequeño idilio es como un rayo de luz en este libro sobrecogedor y sombrío. Las escenas de amor de la obra, íntimas y castas, se describen con lápiz de plata. Uno podría olvidar que las ha creado un autor ruso, iluminadas como están con un fulgor alegre, sereno y cálido. Por desgracia, el fantasma de Oblómov despierta de nuevo y lo arrastra consigo. El joven se enfrenta a él. Es como un perro que se ahoga y lucha desesperadamente por mantenerse a flote, con todo su empeño, con todas sus fuerzas, pero la piedra que tira de él hacia el fondo pesa demasiado, y cuanto más se debilita, más insoportable se vuelve la carga que lo hunde…

Y, de repente, todo se acaba. El protagonista vuelve a ser el mismo Oblómov de antes, más sombrío, más indolente y más perdido si cabe, porque ya no teje ningún sueño, ya no alberga esperanzas. Cuesta imaginar algo más terrible y más triste que la escena en la que hace oídos sordos a las palabras de Stolz, su amigo, que aún pretende salvarle, aceptando con resignación que ya es demasiado tarde. La inercia se ha apoderado de él y lo arrastra a la muerte.

Obviamente estamos ante un relato centrado en lo cotidiano, que demuestra lo espantosa que puede llegar a ser la vida de costumbre cuando uno profundiza en ella. Goncharov se vuelca en el tema, como todos los rusos, que, apasionados por el análisis, descomponen la acción más insignificante, la que debería tener menos relevancia, en un sutil conjunto de fuerzas y vectores. Ruso es también el carácter del protagonista, que el escritor observa con suma atención. Nunca se había ofrecido un estudio psicológico tan detallado de la pereza, la incapacidad para vencer la inercia, el arte de buscar excusas para no tener que levantarse y ponerse en marcha. Habría que considerar a Oblómov un genio de la holgazanería, si no supiéramos que los naturalistas rusos complican hasta un extremo inimaginable lo más sencillo, lo más elemental, no hay más que ver a los obreros y a los vagabundos de Maksim Gorki. Confieso que me ha costado separarme de Oblómov. Pocas veces he sentido tanta compasión por un personaje y nunca había deseado tanto poder entrar en una novela para hacer que su protagonista reaccionara: «¡Despierta, despierta, estás dejando escapar la ocasión de ser feliz! ¡Vamos, aún puedes aprovecharla!». Creo que la mayor parte de los lectores estarán de acuerdo conmigo. Por eso conviene recordar que la simpatía y la compasión son emociones que se experimentan ante personas con las que nos identificamos o frente a circunstancias que hemos vivido, temiendo egoístamente que podamos sufrir el mismo destino. ¿Y quién de nosotros, por diligente y trabajador que sea, no ha sido un Oblómov alguna vez en su vida?

«LOS ARTAMÓNOV»

Maksim Gorki, el gran escritor ruso, ha permanecido en silencio durante más de una década. Los que amamos apasionadamente a este magnífico artista ya temíamos que su talento narrativo se hubiera agotado para siempre. Portavoz espiritual y representante simbólico de la masa anónima, desde la que se ha alzado por derecho propio para convertirse en su referente, Maksim Gorki ha sufrido en primera persona la espantosa crisis que ha padecido la nación rusa, no en su vertiente política—un verdadero artista nunca se entrega por entero a los asuntos públicos—, pero sí como hombre, como alguien que ha vivido muy de cerca, infinitamente conmovido, los acontecimientos que han transformado la fisonomía de su patria tal y como la conocíamos hasta ahora. Durante todo este tiempo, en el que su producción literaria ha quedado en barbecho, sólo había publicado algunas semblanzas de personajes concretos, pequeños opúsculos, y un puñado de artículos, ciertamente inolvidables por su fuerza, su perspicacia y su intuición. Seguramente, los retratos más perfectos y perdurables de nuestra época sean ese pequeño libro de sesenta páginas sobre Tolstói y sus escritos sobre Lenin. En ellos combina una capacidad de observación sin igual con una aguda inteligencia. De todas las obras, gruesas y sesudas, que se han escrito sobre el trágico profeta de Yásnaia Poliana, no hay ninguna tan plástica, tan imponente, tan mágica y tan esclarecedora como la suya. Tal vez, durante su largo silencio, la nueva generación de escritores rusos, con narradores tan deslumbrantes como Bunin, Shmelióv, Iliá

Ehrenburg y Bábel, nos ha hecho olvidar (nuestra memoria es demasiado frágil) que, desde que los ojos de Tolstói se apagaron, no ha habido ningún autor con una mirada tan penetrante como Maksim Gorki. Estoy convencido de que esta nueva obra nos hará recordar su grandeza.

Fue una sorpresa y una verdadera alegría saber que Maksim Gorki, a pesar de su delicada salud, que le había obligado a trasladarse del norte al sur de su país, llevaba años trabajando en una novela de largo aliento, que abarcaba casi un siglo de la historia de Rusia, una epopeya llena de imágenes simbólicas con la que pretendía ilustrar el ascenso social de la burguesía. Ahora que por fin podemos disfrutar de esta obra largamente esperada,[1] hay que felicitar a su autor, porque el resultado ha merecido la pena, no defraudará a nadie, ni siquiera a los más exigentes. Es una obra monumental, que, bajo su ropaje naturalista, estrictamente objetivo, empírico, esconde una lúcida concepción intelectual del presente ruso. Maksim Gorki aspira a representar en tres momentos, en tres generaciones, la evolución de Rusia desde los primeros síntomas que apuntaban a la disolución de las estructuras tradicionales, pasando por la abolición de la servidumbre, hasta llegar a la Revolución, tomando como referencia el destino de una familia, igual que lo hizo Zola en su momento con la serie de *Les Rougon-Macquart*. Ahora bien, el protagonista de la novela, quien ocupa su centro, no es esta saga, sino el heroico pueblo ruso, su fuerza elemental, que, apenas liberada, muestra su vigor con tanta violencia que llega a poner en peligro su propia alma.

La obra comienza con una violenta sacudida. A un pueblo perdido de Rusia llega un forastero, Iliá Artamónov,

---

[1] *Das Werk der Artamonows. Roman*, Berlín, Malik, 1927.

con sus tres hijos. Hasta entonces ha sido un siervo, pero a partir de ese momento va a mandar. Observa la situación y se da cuenta de que los tiempos están cambiando. Es la hora de la industria. Sobre el suelo que cultivaban los campesinos se levantarán talleres y factorías. Así que toma el dinero que ha ahorrado y funda con sus tres hijos una fábrica textil. Su férrea voluntad se impone sobre la tierra agreste, venciendo su terca resistencia con duro trabajo. Iliá, el patriarca de los Artamónov, ilustra magníficamente la fuerza, pura, inextinguible, del viejo pueblo ruso, que, durante el tiempo que ha durado la servidumbre, ha aprendido a sacrificarse, a soportarlo todo y a salir adelante. Con una moral inquebrantable, con empeño y tesón, con determinación pero sin impaciencia, consciente de su objetivo y también de su capacidad, avanza tranquilamente, paso a paso, como el campesino detrás del arado, una figura magnífica, tallada en madera, que encarna soberbiamente la fuerza inmortal, anónima, del pueblo ruso.

Sus hijos, Píotr y Nikita (el tercero, Alekséi, es en realidad un sobrino adoptivo), van perdiendo este empuje, esta energía natural que parece emerger de los bosques. El primer indicio de su decadencia es la incapacidad para dominar a las mujeres. Ni siquiera son dueños de sí mismos y, por eso, tampoco pueden serlo de otras personas, a las que tendrían que imponerse con astucia, incluso con brutalidad. Su conciencia ha despertado, sus nervios son más sensibles, su ánimo cambia continuamente. Se ha iniciado el declive. A diferencia de su padre, no son capaces de fijarse una meta y trazar el camino que les conduzca hasta ella: terrenos, bienes, dinero. Nikita, el segundo, no consigue llegar hasta el final, no se siente a la altura, se aparta del mundo e ingresa en un convento. Piotr y Alekséi siguen dirigiendo la empresa y la amplían, pero no se pueden comparar con su padre, enérgico, tenaz, invencible. Se los ve inquietos y atribulados por las dificultades de la vida, son seducidos por la sensualidad, se nota que son débiles. En más de una ocasión sucumben tanto a la bebida como a las mujeres. A pesar de todo, la energía que han heredado, la fuerza de las generaciones precedentes concentrada en la figura de su padre es aún lo suficientemente intensa para mantener su obra en pie.

La crisis comienza en la tercera generación. No es que la dureza del espíritu campesino se haya agotado, sino únicamente que su naturaleza cambia. Las hijas, que se han casado con ricos comerciantes, tuercen el gesto cuando piensan en la trabajosa vida de la fábrica, entre proletarios. Los hijos, que han estudiado en la universidad y se han convertido en revolucionarios, reorientan, por así decirlo, la fuerza que guardan en su interior y no la dedican ya a mantener la obra que ha creado su familia, sino a destruirla. A su alrededor se agita ese pueblo en otro tiempo rancio y patriarcal, convertido ahora en una ciudad industrial, bulliciosa y frenética, testimonio de la transformación del país. La disolución moral y social conduce a la Revolución que azota a Rusia como una tormenta que se abate sobre un edificio cuyo tejado ya está desprendido.

La acción progresa poco a poco, la tensión está perfectamente graduada. A pesar del elevado número de personajes que pueblan las páginas de la novela, se percibe con claridad la intención del artista: modelar el destino de una familia para representar a través de ella la transformación que ha experimentado el pueblo ruso, obligado a dejar atrás una mentalidad campesina, preservada desde antiguo, para adaptarse a una vida totalmente nueva, un cambio brusco, una transición demasiado rápida que debía encender sin remedio la mecha de la Revolución. ¡Y qué plástica es la imagen de la nación rusa! La escena de la boda justo al comienzo de la novela, la feria anual de Nizhni Nóvgorod, una orgía salvaje, son las imágenes más vivas e impresionantes que Gorki ha creado hasta ahora. La riqueza de los personajes, tantos que llegan a saturar el libro, es francamente admirable. Como Tolstói, Gorki tiene el don de trazar un rostro, una figura, con cuatro o cinco rasgos. Es suficiente. Y, aun así, no tiene que renunciar a nada, no hay nada que se quede fuera, ni siquiera lo más fugaz, lo pasajero, nada escapa a esta mirada aguda, acostumbrada a captar lo esencial de una fisonomía, dándole un carácter único. De hecho, no se puede decir que haya figuras episódicas. Nadie, ni siquiera el más humilde, queda en las sombras. Cada obrero, cada bordadora tienen su propio perfil, su propia vida. Basta con que aparezcan un segundo para que se vuelvan inolvidables. A ello se suma la incomparable riqueza de tipos que caracteriza a los escritores rusos, un don gratuito que les concede su nación. Se nota que el mundo de los proletarios y de los campesinos rusos es mucho más colorido, más complejo, más insondable y más diverso que el nuestro, equilibrado, acomodado a la burguesía. El alma rusa encierra una turbulenta fuerza que hasta ahora no había emergido al exterior.

¿No es el propio Maksim Gorki la prueba más clara de estas fuerzas anónimas que han ascendido desde las profundidades del mundo ruso para adquirir protagonismo en la historia universal? Él, que fue aprendiz de panadero, vagabundo, marinero; que hace cuarenta años, allá por 1888, se disparó una bala en el pecho, desesperado por el hambre que pasaba; que, después de recuperarse como pudo en el hospital, trabajó como guardagujas, repartidor de cerveza, balsero, sirgador; que con quince años puso todo su empeño en aprender a leer y a escribir para, una década más tarde, convertirse en el mejor escritor de Rusia, es hoy uno de los artistas más auténticos y necesarios de nuestra época. Lo que su novela expresa simbólicamente a través de sus personajes, lo confirma con la misma grandeza su propia persona. La literatura rusa guarda una inmensa riqueza oculta en sus minas, fabulosos minerales que nunca han sido explotados, un tesoro mítico en una tierra todavía por descubrir, cuyo bien más preciado son sus hombres. Justo ahora, cuando la literatura europea occidental se empobrece cada vez más tanto en imaginación como en estilo—volcada en analizar la psicología de la persona—, son ellos, los escritores periféricos, Knut Hamsun, Selma Lagerlöf, Maksim Gorki, con una sensibilidad especial para captar la verdad del ser humano, quienes están llamados a fundar una literatura natural y mística a la altura de la época actual. Ellos son el símbolo de esa energía, oscura e inagotable, que fluye mágicamente entre lo temporal y lo eterno, que da a la expresión literaria un acento legendario, maravilloso, que irrumpe como un soplo de aire fresco en nuestro mundo rendido a la técnica. El ascenso de alguien como Maksim Gorki desde las capas más bajas del proletariado hasta la cumbre de la literatura nos habla de la fuerza elemental de la naturaleza que se refleja en nuestras letras, que se transforma en espíritu, ciencia y conocimiento. Por eso me parecen tan admirables la obra y la heroica figura de este novelista.

EPÍLOGO DEL EDITOR

«Un lector impaciente y temperamental», así era Stefan Zweig. Sin embargo, fue precisamente este «defecto» lo que le impulsó a

investigar las causas de la influencia o de la falta de influencia sobre su tiempo de las obras o las figuras extranjeras que he estudiado como ensayista o biógrafo [...] En una novela, una biografía o un debate intelectual me irrita lo prolijo, lo ampuloso y todo lo vago y exaltado, poco claro e indefinido, todo lo que es superficial y retarda la lectura.[*]

Esta cita de *El mundo de ayer* muestra la intensidad con la que leía y la pasión con que más tarde transmitía sus impresiones. Desde muy joven se había sentido inclinado a tomar posición frente a los libros que caían en sus manos. Según confiesa a Karl Emil Franzos, director de la revista literaria berlinesa *Deutsche Dichtung*, desde los quince años había «estudiado todas las historias de la literatura de principio a fin, con la firme intención de escribir una». A partir de 1899, junto a esbozos en prosa que no se llegaron a publicar y que en su mayor parte no se han conservado y un puñado de poemas, escribió algunos ensayos menores sobre la lírica de Johannes Schlaf (julio de 1902), sobre el escritor belga Camille Lemonnier (octubre de 1902) y —especialmente— sobre Émile Verhaeren (abril de 1903), que

---

[*] Stefan Zweig, *El mundo de ayer*, trad. A. Orzeszek y J. Fontcuberta, Barcelona, Acantilado, 2001, p. 402.

habría de convertirse en su modelo y, además, en su amigo. Se trata de semblanzas literarias, cuyo objetivo era mostrar los rasgos característicos y la evolución de estos autores a través de sus poemas. No se recogen aquí, pues el tema del presente volumen son los encuentros de Zweig con ciertos libros. La edición de sus obras completas supuso una reorganización tanto de la obra narrativa como de la obra ensayística de Zweig, de acuerdo con un criterio temático, con el propósito de dar cabida a textos que hasta la fecha no se habían publicado, por lo menos en forma de libro. Fue así como se editó, sin apenas cambios, un material recopilado por el propio Zweig a instancias de sus amigos—a pesar de sus «insuperables recelos…; aunque al final, considerando las circunstancias, se convirtió en una necesidad apremiante»—que llevaba por título *Hombres, libros y ciudades* (Viena-Leipzig-Zúrich, Herbert Reichner, 1938, *recte* 1937).

Teniendo en cuenta el gran número de reseñas literarias que conservan plena actualidad, era preciso realizar una selección lo más representativa posible. Para ello hemos adoptado un criterio flexible, que permitiera incluir algunas reflexiones sobre el fenómeno del libro y sobre el género del cuento. Se ha recogido además un artículo que compara la obra de Jeremias Gotthelf con la de Jean Paul, una recensión de la obra poética de Ehrenstein y otra en la que se repasan diversos estudios acerca de la figura de Byron. Tampoco podíamos prescindir de un par de prólogos, uno para una antología poética de Goethe y otro para una nueva edición abreviada de *Emilio o De la educación*, de Rousseau, como ejemplos de la labor editorial del escritor (aunque jamás lo llevó a cabo, en sus memorias recuerda: «Muchas veces he expuesto a los editores el osado proyecto de publicar un día toda la literatura universal en una serie sinóptica, desde Homero hasta *La montaña mágica*, pasando por Balzac y Dostoievski, recortando drásticamente algunos pasajes superfluos»).*

La primera reseña conservada de una novela cuya influencia va más allá de su época parece ser la que dedicó a *Oblómov*, de Iván Goncharov, que apareció el 26 de junio de 1902, en el *Prager Tagblatt*, con el título de «El triunfo de la inercia». El lector la encontrará al final del libro, que no está ordenado cronológicamente, sino por literaturas nacionales y, dentro de cada bloque, por épocas.

Cuando leía un libro, por lo menos en sus años de juventud, según señala él mismo en 1910, en la recensión de *¡Oh, hombre!*, una novela de Hermann Bahr inspirada en Nietzsche, Stefan Zweig solía buscar paralelos dentro de la literatura alemana, francesa o inglesa, «modelos reconocibles», dejando a un lado «el estudio filológico, tan habitual en Alemania», pues no entendía «qué ventajas podía reportar». La voluntad de recrearse en una visión de conjunto, el placer de descubrir en un personaje o en una situación algún detalle que hubiera quedado prendido en la memoria fueron decisivos en su experiencia como lector. Al comentarlo pretendía apoyar el esfuerzo del autor «influyendo sobre la época, mostrando cómo hay que amar el arte moderno, en lugar de denostarlo, fomentando la innovación en lugar de ponerle trabas, impulsando el desarrollo de las naciones en lugar de lastrarlo». Por eso, en 1914, relativizando de algún modo sus recensiones, admitía: «Siempre que he probado suerte en el ensayo, he sido más un cantor que un crítico». Ahora bien, esto no quiere decir que no expresase un juicio negativo sobre un libro si lo estimaba

---

* *Ibíd.*, pp. 403-404.

oportuno, o que no se mostrase perplejo ante su «misteriosa estructura». Poco antes de quedarse voluntariamente «al margen», hablaba de la literatura con bastante pesimismo. En *El mundo de ayer* admitía:

Nueve de cada diez libros que caen en mis manos los encuentro llenos de descripciones superfluas, de diálogos plagados de cháchara y de personajes secundarios innecesarios; resultan demasiado extensos y, por lo tanto, demasiado poco interesantes, demasiado poco dinámicos.[*]

A veces, para explicar los presupuestos en que se basaba su crítica, realizaba algunas precisiones teóricas. «El auténtico relato es como cualquier otra construcción, requiere la misma técnica que una casa, un puente o una máquina», constataba, por ejemplo, en 1913 en una recensión de *Paseo por el Prater de Laurenz Haller*, de Raoul Auernheimer:

en último término no es más que la materialización de una serie de cálculos para conocer la fuerza y la resistencia, la geometría, el punto de equilibrio entre tensión y distensión, peso y contrapeso, la carga que soporta el personaje en lucha con el destino debe estar cuidadosamente calculada para generar ese efecto estético que depende de la armonía, del equilibrio entre esfuerzo y éxito. El destino tiene su propia envergadura, la que le corresponde por naturaleza, si lo forzamos, se volverá frágil por dentro; determinar la importancia exacta de un acontecimiento, de una conversación, no requiere sólo talento creativo, sino también constructivo.

Así, por ejemplo, en 1908, en una recensión de *La nave*, de Gabriele d'Annunzio, rechazaba decididamente el ex-

[*] *Ibid.*, p. 403.

ceso de contenido y admiraba, en cambio, la «gracia del estilo»:

El hecho de que en un relato sucedan muchas cosas, lo cual a primera vista podría parecernos una virtud, puede ser todo lo contrario; Balzac [al que Stefan Zweig reverenciaba], un genio de la economía narrativa, lo consideraba como un signo inequívoco de falta de talento.

Para Stefan Zweig, el encuentro con un libro implicaba darlo a conocer a otros, en la medida de sus posibilidades. Además de las recensiones, pensadas fundamentalmente para los posibles lectores, publicadas en diarios y revistas, y de los prólogos que escribió tanto para las antologías que él mismo preparó como para los libros de otros, participó activamente en la vida literaria de su época compartiendo sus impresiones en cartas y recomendando la publicación de determinadas colecciones de libros.

La correspondencia personal que mantuvo con otros colegas de profesión acerca de su trabajo tenía el carácter de un taller literario, un intercambio de impresiones y de experiencias—casi siempre espontáneo—, sin entrar en cuestiones técnicas, materia de la crítica, como podrían ser el género o el estilo de una obra. Por poner un ejemplo, el 15 de octubre de 1905, Stefan Zweig escribió a Hermann Hesse: «El sentimiento no significa crítica, por eso puedo decirlo sin tener la necesidad de hacer comparaciones (tal y como hará todo el mundo, que parangonará este libro con el *Camenzind*)».[*] A continuación, se refería al libro como

---

[*] Hermann Hesse y Stefan Zweig, *Correspondencia*, trad. José Aníbal Campos, Barcelona, Acantilado, 2006, pp. 85-86.

una «obra aparentemente madura» (así lo formularía más tarde) «de un autor que todavía era joven y sentimental». Zweig solía compartir su opinión sobre los textos que sus amigos—y, en ocasiones, jóvenes desconocidos—publicaban, y lo hacía con sencillez, sin pretensiones, sin imponer su punto de vista. De hecho, tampoco era raro que le pidieran su parecer durante el proceso de creación. «Me gustaría que tu respuesta fuera confidencial. No soy de los que van pregonando por ahí lo que hacen o dejan de hacer, pero me vendría bien conocer la opinión de alguien fuera de estas cuatro paredes», le escribía Paul Zech el 3 de agosto de 1937, cuando éste había terminado su novela *Michael M. vaga por Buenos Aires*. En muchas ocasiones, Zweig no sólo correspondía a este deseo, sino que además, cuando estaba convencido de la calidad de una obra narrativa o ensayística, hablaba con alguna editorial para procurar que se publicase o, si ya estaba en las librerías, mediaba para que se tradujera.

Siempre se hallaba dispuesto a ayudar en todo lo que estuviera en su mano, animando, aconsejando, exhortando y apoyando. «Es un placer dar un pequeño empujón para que las cosas salgan adelante», escribía el 24 de agosto de 1917 a Paul Zech. Si finalmente la obra no se publicaba, se sentía en la obligación de explicar: «Por mi parte no ha quedado, *no he ahorrado esfuerzos para llevar el asunto a buen término*». Incluso en el último tramo de su carrera, a finales de 1941, cuando estaba exiliado en Brasil, apartado de todo y de todos, y sentía que su «inspiración para escribir» iba mermando «sin el estímulo que proporciona el público, sin perspectivas de encontrar un editor», no dejaba de animar a un amigo: «Su caso es diferente. ¡Si termina su libro, puede abrirse camino! ¡Confío en su obra, la espero impaciente! ¡No dude! Luche por su novela y ella le procurará una nueva vida».

A Stefan Zweig le gustaba presentar proyectos a editoriales, lo cual, en más de una ocasión, dio lugar a fructíferas colaboraciones. Un buen ejemplo es el de la editorial Insel, con cuyo director, Anton Kippenberg, mantuvo una estrecha amistad más allá de la relación estrictamente profesional. El buen entendimiento que existía entre ambos facilitó el intercambio de ideas y fue un factor decisivo en la creación de nuevas colecciones. El 27 de febrero de 1919, Stefan Zweig escribió una carta a Anton Kippenberg para hacerle una propuesta:

Ahora mismo estoy dándole vueltas a un gran proyecto que podría resultar todo un éxito. Se trata (no se ría) de sacar al mercado obras extranjeras, francesas, inglesas, en edición bilingüe [...] Un plan del que ya le había hablado y que podríamos relanzar publicando en Alemania magníficas antologías de Balzac, de Baudelaire, de Byron, *pues pasarán años, créame, sin que podamos importar libros del extranjero por los elevados tipos de cambio.* Creo que ha llegado el momento de ofrecer al público alemán una biblioteca selecta y cuidadosamente editada, con obras *perdurables* de autores extranjeros [...] Me gustaría [...] *mucho* asumir la dirección de esta biblioteca, que concibo de la siguiente manera: *1) edición de textos originales* en francés, inglés, italiano, español, griego; *2) edición de textos bilingües, asumiendo las elevadas tarifas que se pagan por los libros extranjeros; 3) posible edición de las traducciones* por las que ya se hayan pagados derechos.

Así fue como en 1920 nacieron dos colecciones, Libri Librorum y Bibliotheca Mundi, con un total de diecinueve títulos, tanto originales como bilingües, encuadernados en cartoné y en cuero. El proyecto se cerró en 1923, cuando, después de que se redujese la inflación, se pudo volver a importar libros del extranjero sin limitaciones. La editorial Insel creó además otra colección llamada Pandora, independiente de las anteriores, que ofrecía ediciones económicas de autores alemanes y extranjeros, en su lengua original. En 1924, el catálogo de obras alemanas pasó a formar parte de la Insel-Bücherei. La última propuesta de Zweig, la idea de crear una colección que ofreciera exclusivamente traducciones, no llegó a cuajar. (Por otra parte, en 1914, Hugo von Hofmannsthal le había propuesto a Anton Kippenberg la publicación de una Österreichische Bibliothek, una biblioteca de autores austríacos, que fue editada íntegramente entre 1915 y 1917).

Más o menos por la misma época en la que hacía estas sugerencias a Anton Kippenberg, Stefan Zweig aconsejó (insistentemente) a Carl Seelig, un joven escritor de Zúrich que se había propuesto difundir la obra de nuevos talentos literarios, empresa para la que contaba con el pleno apoyo de sus amigos, que crease una nueva colección de libros y la lanzase al mercado. Para ello, Stefan Zweig le puso en contacto con Ernst Peter Tal, antiguo director de la editorial S. Fischer Theater, que entonces se había establecido por su cuenta en Viena.

Se trataba de un ambicioso proyecto bautizado como «Los doce libros», que nació con un propósito muy concreto: publicar cada año doce títulos de autores alemanes y extranjeros, obras modernas, selectas y rigurosamente inéditas, destinadas a un reducido grupo de lectores cerrado de antemano. Se establecieron condiciones muy estrictas: tiradas de mil ejemplares, compromiso de exclusividad, cesión de derechos por un año (plazo a partir del cual cada autor podría disponer libremente de su obra) y lanzamiento sin publicidad. En el primer borrador se indicaba expresamente que cualquier obra literaria sería bienvenida «salvo aquellas de carácter político o con un contenido polémico».[1]

---

[1] Ulrich Weinzierl, *Carl Seelig, Schriftsteller*, Viena-Múnich, Löcker, 1982, pp. 31 y ss.

La colección se inauguró en 1919 con *Pequeño jardín. Vivencias y poemas*, de Hermann Hesse, y *Viajes. Paisajes y ciudades*, de Stefan Zweig, y llegó a su fin en 1923, cuando Carl Seelig tuvo que abandonar su «experimento editorial de publicar bajo demanda» después de que Ernst Peter Tal cerrase su editorial por su baja rentabilidad, circunstancia que Stefan Zweig no había previsto.

Zweig apreciaba especialmente la edición de Goethe que Insel publicó en 1923: «Uno puede coger un tomo y llevárselo de viaje o guardarlo en el bolsillo cuando sale a dar un paseo: es la edición idónea para aquellos que quieren disfrutar de las obras completas de Goethe llevándolas siempre consigo». Así, en ediciones de bolsillo que uno puede llevar siempre consigo, es como deberían publicarse los libros, según Stefan Zweig, tanto las obras de Goethe, «la estrella más brillante de la literatura alemana», como las del resto de los clásicos—«entregarse a lo sublime siempre resulta fructífero»—y, por supuesto, las de los autores contemporáneos—cualquiera que haya «aportado algo a las letras alemanas»—. Los tenía—¡a casi todos!—siempre a mano, a excepción de Jean Paul, a quien «apenas podía leer», y Jeremias Gotthelf, que le cansaba con sus controversias políticas, seguramente porque eran más propias de otra época. Sin embargo—con todo respeto hacia el autor, por encima de simpatías personales y literarias—jamás habría debido separarse de un libro que mezclaba «literatura y ciencia, espíritu y conocimiento»: el ensayo de Sigmund Freud sobre *El malestar de la cultura*, a quien «tuvimos que darle la razón cuando afirmaba ver en nuestra cultura y en nuestra civilización tan sólo una capa muy fina que en cualquier momento podía ser perforada por las fuerzas destructoras del infierno» (*El mundo de ayer*). Tampoco me cabe duda de que le habría gustado tener a mano las obras de Maksim Gorki, un autor que, para Stefan Zweig, representaba «la cúspide de la creatividad literaria».

KNUT BECK

PROCEDENCIA DE LOS TEXTOS

«El libro como acceso al mundo», *Pester Lloyd*, 15 de agosto de 1931. Recogido en *Begegnungen mit Menschen, Büchern, Städten*, Viena-Leipzig-Zúrich, Herbert Reichner, 1937; Fráncfort del Meno, S. Fischer, 1955.

«El Goethe apropiado», *Berliner Börsen-Courier*, 29 de noviembre de 1923, suplemento.

«La vida de Goethe a través de sus poemas. En el aniversario del nacimiento del autor, 28 de agosto de 1916», *Neue Freie Presse*, Viena, 29 de agosto de 1916.

«Sobre los poemas de Goethe (prólogo a la antología poética que he publicado en Philipp Reclam jun.)», *Neue Freie Presse*, Viena, 12 de diciembre de 1926. Recogido en *Goethes Gedichte. Eine Auswahl*, Leipzig, Philipp Reclam jun., 1927, y posteriormente en *Begegnungen mit Menschen, Büchern, Städten, op. cit.*

«*Kleist*, de Friedrich Gundolf», *Frankfurter Zeitung*, 2 de febrero de 1923.

«La resurrección de *Witiko*», *Berliner Börsen-Courier*, 28 de diciembre de 1921.

«Jeremias Gotthelf y Jean Paul», *Neue Freie Presse*, Viena, 4 de mayo de 1924.

«Regresar a los cuentos», *Neue Freie Presse*, Viena, 14 de diciembre de 1912.

«Diario de una adolescente», *Neue Freie Presse*, Viena, 20 de octubre de 1920. Recogido en *Almanach der Psychoanalyse*, Viena, Internationaler Psychoanalytischer, 1926.

«Versos de un poeta en busca de Dios», *Die Nation*, Berlín, año 23, n.º 36, 1905-1906.

«*Nuevos poemas*, de Rilke», *Das literarische Echo*, Berlín, 15 de diciembre de 1908.

«*Sobre los elementos de la grandeza humana*, de Rudolf Kassner», *Berliner Tageblatt*, 13 de marzo de 1912, suplemento.

«Poemas de Albert Ehrenstein», *Frankfurter Zeitung*, 10 de septiembre de 1916.

«Reencuentro con Tubutsch», *Berliner Tageblatt*, 8 de junio de 1926.

«*A diestra y siniestra*, una novela de Joseph Roth», *Berliner Tageblatt*, 7 de diciembre 1929.

«*Job*, una novela de Joseph Roth», *Neue Freie Presse*, Viena, 12 de octubre de 1930.

«La nueva obra de Freud, *El malestar en la cultura*», *Berliner Tageblatt*, 30 de marzo de 1930.

«*Discurso y respuesta*, de Thomas Mann», *Neue Rundschau*, Berlín, año 32, diciembre de 1921.

«*Carlota en Weimar*, de Thomas Mann», *The European Press*, Londres, 8 de marzo de 1940. Recogido en Stefan Zweig, *Zeit und Welt. Gesammelte Aufsätze und Vorträge 1904-1940*, Estocolmo, Bermann-Fischer, 1943; Berlín-Fráncfort del Meno, S. Fischer, 1946.

«Dos novelas históricas (*El conquistador*, de Richard Friedenthal, y *Alejandro*, de Klaus Mann)», copia mecanografiada con enmiendas manuscritas de alrededor de 1930. No hay constancia de su publicación.

«El libro como imagen del mundo», *Universum*, Leipzig, año 45, n.º 1, enero de 1928.

«El drama en *Las mil y una noches*», *Neue Freie Presse*, Viena, 30 de enero de 1917.

«Prólogo a una edición abreviada de *Emilio o De la educación*, de Jean-Jacques Rousseau», en: Jean-Jacques Rousseau, *Emil oder über die Erziehung*, Potsdam, Gustav Kiepenheuer, 1919. Stefan Zweig se encargó de preparar la edición de esta novela partiendo de una traducción revisada contemporánea.

«El regreso de Stendhal a Alemania», *Frankfurter Zeitung*, 6 de diciembre de 1921.

«Notas sobre Balzac», *Hamburger Nachrichten*, 15 de abril de 1906, suplemento.

«El códice de la vida elegante, de Balzac», *Das literarische Echo*, Berlín, 1.º de febrero de 1912.

«*La educación sentimental*, de Gustave Flaubert», *Das literarische Echo*, Berlín, 15 de septiembre de 1905.

«El legado de Flaubert», *Berliner Tageblatt*, 11 de enero de 1911.

«Ulenspiegel redivivo», *Münchner Neueste Nachrichten*, 29 de diciembre de 1909.

«El triunfo de la catedral. (Notas sobre *La Anunciación a María*, de Paul Claudel)», *März*, Múnich, 21 de junio de 1913.

«Byroniana», *Neue Freie Presse*, Viena, 27 de octubre de 1929.

«La obra de Walt Whitman en Alemania», *Berliner Tageblatt*, 28 de marzo de 1922.

«Notas sobre *Ulises*, de Joyce», *Neue Rundschau*, Berlín, año 39, n.º 10, octubre de 1928. Recogido en *Begegnungen mit Menschen, Büchern, Städten, op. cit.*

«El triunfo de la inercia», *Prager Tagblatt*, 26 de junio de 1902.

«*Los Artamónov*», *Neue Freie Presse*, Viena, 19 de mayo de 1927.

ESTA EDICIÓN, PRIMERA, DE
«ENCUENTROS CON LIBROS», DE STEFAN ZWEIG,
SE TERMINÓ DE IMPRIMIR
EN CAPELLADES EN EL
MES DE ABRIL
DEL AÑO
2020

Colección El Acantilado
Últimos títulos